Karin Kaudelka und Gerhard Kilger [Hg.]
Eigenverantwortlich und leistungsfähig

Karin Kaudelka und Gerhard Kilger [Hg.]

Eigenverantwortlich und leistungsfähig

Das selbständige Individuum
in der sich wandelnden Arbeitswelt

[transcript]

Bibliografische Information der Deutschen Nationalbibliothek
Die Deutsche Nationalbibliothek verzeichnet diese Publikation in der
Deutschen Nationalbibliografie; detaillierte bibliografische Daten sind
über http://dnb.d-nb.de abrufbar.

**Die Beiträge dieses Bandes geben ausschließlich die Meinungen
der Autorinnen und Autoren wieder.**

Umschlaggestaltung: Kordula Röckenhaus, Bielefeld
(nach einer Vorlage der DASA)
Umschlagfoto: Harald Hoffmann, Mülheim a.d. Ruhr, 2012
Lektorat und Redaktion: Helga Reuter-Kumpmann, Berlin
Satz: Katharina Wierichs, Bielefeld
Druck: Aalexx Buchproduktion, Großburgwedel
ISBN 978-3-8376-2588-2

Gedruckt auf alterungsbeständigem Papier mit chlorfrei gebleichtem
Zellstoff.

Besuchen Sie uns im Internet: http://www.transcript-verlag.de
Bitte fordern Sie unser Gesamtverzeichnis und andere Broschüren an
unter: info@transcript-verlag.de

Inhalt

Karin Kaudelka

Einleitung

I.

Wir leben in einer Zeit, in der die tradierten Rollen von Arbeitnehmenden und Arbeitgebenden ihre Trennschärfe verlieren. Jedes Individuum ist seines Glückes Schmied und spielt, so scheint es, virtuos auf der Klaviatur des Selbstmanagements. Doch zwischen der eigenverantworteten Freiheit, dem enormen Maß an Leistungsverdichtung und den biografischen Unsicherheiten entstehen neue Arbeitsformen, aber auch neue Phänomene der Belastung. Wie gehen die Menschen damit um und wie bleiben sie gesund und leistungsfähig? Wie kann man diesem Wandel aus gesellschaftlicher Sicht begegnen? Wie reagieren wir individuell auf diese Herausforderungen? Das DASA-Symposium am 8. und 9. November 2012 „Eigenverantwortlich und selbständig – Individuum und Gesellschaft in der sich wandelnden Arbeitswelt" in der Reihe „Constructing the Future of Work" stellte sich diesen Fragen und ging ihnen interdisziplinär, interaktiv und als eine Art *think tank* auch in der Diskussion mit Journalisten, Autorinnen und einer Dokumentarfilmerin nach. Die hochkarätigen Rednerinnen und Redner kamen aus den Fachrichtungen Soziologie und Organisationspsychologie, aus der Arbeits- und der Zukunftsforschung. Darüber hinaus boten zwei Workshops mit einem namhaften Coach und einem Bestseller-Autor dem Publikum Gelegenheit zu intensiver Auseinandersetzung und fachlichem Austausch über die Grenzen der eigenen Berufsfelder hinweg.

Rund 150 Teilnehmer und Teilnehmerinnen – Fachleute aus der Arbeitsmedizin und der Psychotherapie, Personalverantwortliche und in der Forschung Tätige, Vertreter und Vertreterinnen von Krankenkassen und Berufsgenossenschaften, von Bildungsinstituten und Forschungseinrichtungen aus ganz Deutschland – führten eine engagierte, lebhafte Diskussion über die Neubestimmung der Rolle der Individuen und der Institutionen in einer Arbeitswelt im Umbruch.

Die Dramaturgie des Symposiums war so angelegt, dass zunächst aus soziologischer Perspektive „Streifzüge durch eine Arbeitswelt im Wandel" skizziert wurden. Franz Schultheis, als Professor der Soziologie in St. Gallen maßgeblich an der Verbreitung der bourdieuschen Soziologie beteiligt, Herausgeber der umfangreichen auf qualitativen Interviews fußenden Monographie „Ein halbes Leben." Biografische Zeugnisse aus einer Arbeitswelt im Umbruch", zeigte anhand dreier Schwerpunktbereiche seiner Forschung den beschleunigten und tiefgreifenden Wandel in der Arbeitswelt sowie die Ungleichzeitigkeiten und Paradoxien des Wandels zeitgenössischer Arbeitswelten.

Cornelia Koppetsch (Institut für Soziologie an der TU Darmstadt) widmete sich in ihrem Beitrag der Mittelschicht, die keine durchgängigen Berufsbiografien aufweist, die großen Unsicherheiten und der Forderung nach Flexibilität ausgesetzt ist und Tendenzen zeigt, sich abzuschotten und ihre Privilegien zu erhalten. Im Unterschied zu vorangegangenen Jahrzehnten, in denen die Mittelschicht einen ungebrochenen sozialen Aufstieg qua Bildung erlebt habe, sehe sie sich nunmehr „zwischen Gentrifizierung und Wagenburg".

Stephan Lessenich, Professor im Institut für Soziologie in Jena, stellte in seinem Vortrag „Vom verdienten Ruheständler zum Alterskraftunternehmer" die (geforderte) Mobilisierung der Potenziale des Alters heraus. Er konstatierte eine Subjektivierung von Vorsorge und Nachhaltigkeit im Sinne einer „neosozialen" Ethik der Verantwortung für das Kollektiv. Das Öffentliche, die Sorge um das Gemeinwohl, werde privat (zum Gegenstand individueller Verantwortung) und andererseits: Das Private, die Lebensführung im Alter werde öffentlich d.h. zum Gegenstand gesellschaftlichen Interesses.

Klaus Peters (COGITO, Institut für Autonomieforschung) argumentierte aus der Perspektive der Beschäftigten: Die Internalisierung unternehmerischen Denkens bei nicht-selbständigen Beschäftigten berge die Gefahr der „interessierten Selbstgefährdung". Im Gegenzug zu der konstatierten starken Betonung der Eigenverantwortlichkeit (Verhaltensprävention) forderte er einen gesellschaftlichen Rahmen für Selbstfürsorge – von der Bewusstseinsbildung bis hin zur Regulation.

Norbert Breutmann (BDA, Leiter Arbeitswissenschaft/Soziale Sicherung) hob die veränderten Ansprüche junger, gut ausgebildeter Menschen vor dem Hintergrund der Fachkräfteakquise hervor: Der Job müsse interessant sein, Arbeit solle Spaß machen, die Tätigkeit müsse einen Sinn haben. Herausfordernde Aufgaben, ein gutes Arbeitsklima, Weiterbildung und Aufstiegs- und Entwicklungsmöglichkeiten, die gute Vereinbarkeit von Arbeit, Familie und Freizeit – in diesem Sinn müsse das Arbeitsverhältnis neu justiert werden. Gebraucht würden stör- und veränderungsrobuste Arbeitsorganisationen, schnelle Anpassungsfähigkeiten, gesundheitskompetente Mitarbeiter mit einem hohen Maß an Selbststeuerungsvermögen, sensible Personalführung, Sicherung der sozialen Unterstützung und das Wirken von Führung durch persönliche Kontakte im Unternehmen.

Der erste Tag des Symposiums endete mit einem öffentlichen Abendvortrag des bekannten Zukunftsforschers Horst Opaschowski, der zehn Zukunftstrends skizzierte. Für die Arbeitswelt hob er als besonders wichtig hervor: Sie werde weiblicher, die Berufschancen von Frauen stiegen; Re-Start mit 50, denn die Wirtschaft brauche mehr Ältere, und die Menschen wollten zunehmend Zeitpunkt und Übergang in den Ruhestand selbst bestimmen; Comeback mit 65; vom Solitär zum Solidär, denn das Zeitalter der „Ichlinge" gehe zu Ende. Aus seiner Sicht müsse die Maxime der Zukunft lauten: „Lieber gut leben als viel haben".

Anschließend wurde in Anwesenheit der Regisseurin Carmen Losmann deren mehrfach preisgekrönter Dokumentarfilm „Work hard Play hard" (2011) gezeigt.

Den zweiten Tag des Symposiums eröffnete die Organisationspsychologin Gisela Mohr (Universität Leipzig) mit ihrem Vortrag „Pioniere der Arbeitswelt: Männer in Frauenberufen – Frauen in Männerberufen, -positionen". Sie führte im Fazit ihres mit viel Zahlenmaterial und Forschungsergebnissen untermauerten Vortrags aus, dass es noch viel zu tun gebe, um Frauen in Führungspositionen und Männer in Frauenberufen das Leben zu erleichtern. Vereinbarkeitsregelungen, diskriminierungsfreie Personalauswahl, Gesetze, Quoten, Selbstverpflichtungen u.v.a. können wichtige Veränderungen begünstigen. Das allein werde aber nicht allzu viel bewirken, wenn sich die Einstellungen, die Geschlechterstereotype nicht änderten.

Rolf Packebusch (Human Factors Engineering, Hochschule Niederrhein, Krefeld) konstatierte in seinem Vortrag „Psychische Gesundheit in Kleinunternehmen. Eigenverantwortung oder gesellschaftliche Aufgabe" den Rückzug staatlicher und anderer Nachhaltigkeitsträger (Staatliche Ämter für Arbeitsschutz, Kreishandwerkerschaften, Krankenversicherungen und Berufsgenossenschaften) aus ihren angestammten Aktionsfeldern. Klein- und Kleinbetriebe seien zunehmend auf eigenverantwortliches Handeln angewiesen. Er berichtete aus seinem Projekt „BeFunt" (Erhalt und Förderung psychischer Gesundheit besonders belasteter Berufs- und Funktionsgruppen in Klein- und Kleinstunternehmen), in dem passgenaue Lösungsansätze gemeinsam mit Krankenkassen, Berufsgenossenschaften, Integrationsämtern sowie weiteren Multiplikatoren entwickelt und anschließend in den Unternehmen erfolgreich erprobt worden seien.

Anschließend hatten die Gäste die Wahl zwischen zwei aktivierenden Vorträgen: der Bestseller-Autor Markus Albers und der Coach Johannes Czwalina boten viel Raum für die Beteiligung der Teilnehmer und Teilnehmerinnen.

Albers zeichnete in seinem Vortrag „Meconomy" nach, wie in der Wissensgesellschaft Arbeit mobil und flexibel wird und sah darin eher Chancen als Gefahren – sowohl was die individuelle Arbeitsgestaltung als auch die Schonung der Umwelt angehe (z.B. weniger Pendlertum und Dienstreisen). Nach einer sehr intensiven Phase des Austauschs mit den Teilnehmenden blieb doch die eine oder andere kritische Hinterfragung offen, wie z.b. die Fragen, wie viel Freiheit schlechte Arbeitsbedingungen ausgleiche und ob es sich bei der dargestellten Art zu arbeiten nicht eher nur um ein Oberflächenphänomen von privilegierten Kreativen handele. Johannes Czwalina hob in seinem Vortrag „Bewusste Lebensgestaltung für die Arbeitswelt der Zukunft" auf den Bedeutungswandel der Arbeitswelt ab, auf die Bewegung von den geschlossenen zu den offenen Systemen, vom Beschäftigten zum Unternehmer im eigenen Unternehmen. Dabei sei der Wert des Menschen höher als der Wert seines Nutzens und die Bedeutung der „Arbeit an sich" höher als die Bedeutung ihrer materiellen Ausbeute.

Während Albers konstatierte, dass es keine Rückkehr zum *9 to 5-job* geben werde, entgegnete Czwalina, dass jede Freiheit ihren Preis habe und es einen Kampf um Freiräume gebe. Die Freiheit in der entstrukturierten Arbeitswelt, die Individualisierung als Chance und Gefahr, benötige ein Gerüst, das Wertschätzung, Sicherheit und Ordnung gewährleiste.

Die z.T. sehr heterogenen Beiträge und Bestandaufnahmen verschränkten sich in den Panels durch die unterschiedlichen Sichten der Diskutierenden zu einem Gesamtbild, das weitere Diskussionen der Teilnehmer und Teilnehmerinnen anregte und weitere Vertiefung forderte.

II.

Die Zukunft der Arbeit und der Arbeitsgesellschaft wird seit langem vielerorts diskutiert. Warum hat sich die DASA als Ausstellungshaus der Bundesanstalt für Arbeitsschutz und Arbeitsmedizin aktiv in diese breit geführte Debatte eingeschaltet, und was ist ihr spezifischer Beitrag?

Über die Jahre hinweg hat das Bundesministerium für Arbeit und Soziales – jenseits von Tagespolitik und Arbeitsmarktfragen und über alle politischen Richtungen hinweg – immer wieder wichtige Impulse für das langfristige und zukunftsorientierte Denken über die Zukunft der Arbeit gesetzt. Die DASA, die zum Geschäftsbereich des BMAS gehört, greift diesen Dialog gern auf und fungiert als Forum für eine breite gesellschaftliche Debatte zu diesem Thema.

Als bildungsaktiver Lernort thematisiert die DASA den Lebensraum Arbeitswelt in künstlerischer Szenografie. DASA-Publikum erfährt mit allen Sinnen Arbeitswelten in Vergangenheit, Gegenwart und Zukunft und ihre Auswirkungen auf die arbeitenden Menschen. Unter den fünf Leitbegriffen Mensch – Arbeit – Technik – Gesundheit – Kultur wirbt die DASA, eine bundesweit ausstrahlende Einrichtung mit Sitz in Dortmund, für eine Arbeitswelt, in der der Mensch mit seinen Fähigkeiten und Belangen im Vordergrund steht. Die DASA umfasst ca. 13.000 qm Ausstellungsfläche und erreicht jährlich etwa 200.000

Besucherinnen und Besucher. Mit ihrem hohen Anteil an jugendlichem Publikum trägt sie besonders zur nachhaltigen Förderung der Eigenverantwortung und Zufriedenheit im Arbeitsleben bei. Neben der Dauerausstellung liefert sie vor allem mit Veranstaltungen und Sonderausstellungen Beiträge zur Debatte über Mensch und Arbeit in unserer Gesellschaft. Die DASA erreicht ihre Zielsetzung mit modernsten Methoden des Ausstellungswesens: die Inhalte werden erlebnisorientiert, anregend und spielerisch, zugleich didaktisch und wissenschaftlich angemessen vermittelt, fachlich verbindlich und mit hohem gestalterischem Anspruch dargestellt sowie durch künstlerische Interpretationen der Thematik begleitet.

Ein breites Spektrum an Veranstaltungen ergänzt den Diskurs um die Ausstellungsinhalte und wirkt als zeitgemäße Belebung der DASA im Sinne eines Forums über die Themen der Arbeitswelt.

Dies gilt in besonderem Maße für eine Reihe wissenschaftlicher Symposien zu aktuellen arbeits- und sozialpolitischen Fragestellungen unter der Überschrift „Constructing the future of work", die im November 2008 begonnen und künftig in jährlichem Abstand fortgeführt werden soll. Das innovative Tagungsformat, in dem junge Wissenschaftler mit den Nestoren ihrer Fachgebiete diskutieren, und die Vielfalt der Beiträge aus unterschiedlichen wissenschaftlichen, gesellschaftlichen und politischen Perspektiven schaffen Raum für anregende Debatten und eröffnen dem Publikum eine Übersicht über die zahlreichen Facetten der Themen. Die Symposien verfolgen das Ziel, einen Diskurs zu ermöglichen, der in seiner Interdisziplinarität anderswo so nicht stattfindet, und ihn in eine breite, sozialpolitisch interessierte Öffentlichkeit zu tragen.

Franz Schultheis

Ein halbes Leben

Streifzüge durch eine Arbeitswelt im Umbruch

Soziologie ist seit ihrer Entstehung im Kontext der modernen kapitalistischen Arbeitsgesellschaften immer auch „Krisenwissenschaft" und deshalb in unseren von vielfältigen und tief gehenden Krisen und Umbrüchen, rapiden Wandlungsdynamiken und Verwerfungen durchzogenen Gegenwartsgesellschaften gefragter denn je. Die sozialwissenschaftliche Diagnose gesellschaftlicher Zustände kann dabei ganz unterschiedliche Wege beschreiten, kann in der „Vogelperspektive" globale theoretische Konstruktionen entwerfen oder aus der „Froschperspektive" nahe an den konkreten gesellschaftlichen Erfahrungen und Befindlichkeiten der Zeitgenossen Spurensuche betreiben, wenn der Frage nachgegangen wird, in was für einer Gesellschaft wir denn gegenwärtig eigentlich leben?

So haben die zeitgenössischen Sozialtheorien bereits eine ganze Sammlung an Etiketten für unsere aktuelle Gesellschaftsform entwickelt und sprechen von „postindustrieller" bis „postmoderner" Epoche, von „Risikogesellschaft" bis „Erlebnisgesellschaft" oder „Multioptionsgesellschaft". Man hat also nur die Qual der Wahl, wenn man nach griffigen Kurzformeln für die Gegenwartsgesellschaft sucht. In einer kollektiven Forschungsarbeit von mehr als 30 Soziologen und Soziologinnen, publiziert im Jahre 2006, entschied man sich bewusst zu dieser Art globaler Gesellschaftsdiagnostik und präsentierte unter dem Titel „Gesellschaft mit begrenzter Haftung"[1] rund 50 soziologisch gerahmte Tiefeninterviews mit Alltagsmenschen im gegenwärtigen Deutschland (Schultheis u. Schulz, 2005). Ein Grundtenor in diesen Interviews war, bei aller Unterschiedlichkeit der jeweiligen Menschen und Lebensschicksale, eine bestimmte Befindlichkeit, die man grob als Desorientierung oder auch Heimatlosigkeit beschreiben kann. Ziel dieser Zeitdiagnose „von unten" war es, Menschen, die sonst nicht gehört bzw. beachtet werden, zu Wort kommen zu lassen, ihnen genau zuzuhören und als ihr Sprachrohr zu fungieren. In vielen dieser Gespräche

---

1   Schultheis, Franz (Hrsg.) ; Schulz, K. (Hrsg.): Gesellschaft mit begrenzter Haftung – Zumutungen und Leiden im deutschen Alltag. Konstanz: Universitätsverlag, 2005.

kam ein Unbehagen an der Gegenwartsgesellschaft, wenn nicht gar ein Leiden an ihren Lebensverhältnissen zum Vorschein, das nicht allein auf materielle Mangellagen verwies, selbst wenn Phänomene wie Armut und Prekarität in den heutigen postindustriellen Gesellschaften immer deutlicher zutage treten, sondern auch mit erfahrener Bindungslosigkeit, Isolation, Mangel an Solidarität und sozialen Zusammenhalt verbunden war.

Eine zentrale Quelle des Leidens an gesellschaftlichen Lebensbedingungen findet sich im raschen, radikalen oder gar revolutionären Wandel von gesellschaftlichen Strukturen und alltäglichen Lebensverhältnissen. Dieser schlägt sich nieder in einem Bruch zwischen den vom Menschen internalisierten bzw. sprichwörtlich „einverleibten" gesellschaftlichen Strukturen (dem Ensemble an Denkschemata, moralischen Standards und Verhaltensgewohnheiten, die der Soziologe „Habitus" nennt) und den Rahmenbedingungen der gesellschaftlichen Umwelt und produziert das, was der Soziologie Anomie nennt, d.h. einen Mangel an normativen Koordinaten und Orientierungen, an denen man seine Erwartungen und Handlungen mit einiger Verlässlichkeit ausrichten kann. Genau hiervon aber wird im Folgenden die Rede sein (vgl. Bourdieu et al. 1997, 2000).

Wir leben heute in einer Zeit massiver wirtschaftlicher, sozialer und kultureller Umbrüche. Darüber besteht bei allen Experten der Sozial-, Wirtschafts- und Humanwissenschaften ein ausgeprägter Konsens, und man ist sich auch einig darin, dass dieser radikale Wandel ungefähr im Jahre 1980 begonnen hat und ganz zentral die Arbeitswelt betrifft. Nur wählt man für die Kennzeichnung dieses Wandels sehr unterschiedliche Konzepte und spricht von Globalisierung, post-industrieller Gesellschaft oder Neoliberalismus.

Zu den genannten Indikatoren dieses Wandels der kapitalistischen Marktgesellschaft im Allgemeinen und der zeitgenössischen Arbeitswelt im Besonderen zählen u.a.:

- die Verknappung von Arbeit und die wachsende Konkurrenz um dieses zunehmend knappe „Gut",
- eine zunehmend tiefe gesellschaftliche Spaltung zwischen Jenen, die (noch) über mehr oder minder gesicherte, qualifizierte und angemessen entlohnte Arbeitsplätze verfügen und sozialversicherungsrechtlich abgesichert sind und Jenen, die hier davon ausgeschlossen sind und dies oft dauerhaft bleiben,
- eine Durchsetzung von zuvor als „atypisch" angesehenen Arbeiten bzw. Jobs, schlecht bezahlt, ohne nennenswerte soziale Sicherung, unqualifiziert bzw. disqualifiziert für diejenigen, die diese Funktionen trotz oft gegebener schulischer und/oder beruflicher Qualifikation mangels Alternativen anzunehmen gezwungen sind,

- die immer häufiger zu beobachtende Bastel-Erwerbsarbeit, bei der Menschen oft mehrere solcher „Junk-Jobs" oder „Mc-Jobs" kombinieren müssen, um das Lebensnotwendige erwerben zu können,
- die Zunahme an befristeten Arbeitsverhältnissen, insbesondere Zeitarbeit, mit extrem geringer sozialer Sicherung,
- die durch Outplacement und Outsourcing zwecks Einsparung von Lohn-Nebenkosten geschaffene Schein-Selbstständigkeit einer zunehmenden Zahl an Arbeitskraft-Unternehmern
- eine zunehmende Zahl an Arbeitnehmern in nicht frei gewählten Teilzeitarbeits-Verhältnissen,
- die Spaltung der Arbeitnehmerschaft von Unternehmen entlang der Scheidelinie Stammarbeiter – Interimsarbeiter,
- das rapide Anwachsen einer als „working poor" klassifizierten Erwerbspopulation am Rande der offiziellen Armutsgrenze,
- eine zunehmende „Inflation" von Bildungstiteln, für die junge Leute beim Einstieg ins Erwerbsleben heute deutlich geringere Chancen auf dem Arbeitsmarkt erhalten als eine Generation zuvor,
- vielfältige Formen der Verschlechterung von Arbeitsbedingungen unter den oben skizzierten Bedingungen wachsender Konkurrenz (Beschleunigung zunehmender Zeitdruck, körperliche Belastung, unregelmässige Arbeitsbedingungen und deren Konsequenzen für die alltägliche Lebensführung der Betroffenen bis hinein ins Privatleben.

Die hier nur skizzierten Transformationen der Arbeitswelt lassen sich auch als Prozess der Prekarisierung bzw. der Verunsicherung beschreiben, welcher in gewissem Sinne einen mit der Entwicklung der sozialen Marktwirtschaft geschlossenen „Gesellschaftsvertrag" grundlegend in Frage stellt. Unsere kapitalistischen Gesellschaften haben in einem langwierigen Lernprozess Formen der sozialen Sicherung hervorgebracht, die gegen die Standardrisiken der Erwerbsarbeit, d.h. vor allem Invalidität, Alter, Krankheit und Arbeitslosigkeit, ein Mindestmaß an kollektivem Schutz gewähren und eine Art „Sozialeigentum", wie Robert Castel (2000) es treffend nennt, fest institutionalisiert haben.

Dieser enorme Fortschritt hin zu einer Anerkennung und Garantie universeller sozialer Teilhaberechte ging einher mit einer Art nachholender Individualisierung bei den unteren Gesellschaftsschichten, deren sozialer Habitus mehr oder minder deutliche Zeichen einer Ver(klein)bürgerlichung aufweist. Mit diesem langfristigen Transformationsprozess einher gingen aber auch Auflösungen traditioneller Sozial- und Solidarformen – von der Familie und der erweiterten Verwandtschaft, über Nachbarschaft und Gemeinde, bis hin zu gewerkschaftlichen und politischen Organisationsformen –, die in ihren unterschiedlichen Kombinationen das widerspiegelten, was man noch in den Zeiten des Wirtschaftswunders der „Arbeiterkultur" zurechnete (vgl. Schultheis 2004, 2007). Auch diese Formen der Vergesellschaftung in den Volksklassen haben im Zuge der Individualisierung alltäglicher Lebensformen und Verhaltensmuster eine rasche und nachhaltige Erosion erfahren. Und so sind auf dem Wege vom traditionellen zum traditionslosen Arbeitnehmer viele gewohnte Ressourcen an Schutz und Solidarität – wohl unwiederbringlich – verschwunden.

Hier liegt das radikal Neue der sich abzeichnenden „neuen" sozialen Frage: Der schrittweise Abbau sozialer Sicherungen und der Rückzug des Staates aus der Verantwortung für eine solidarische Daseinsvorsorge trifft nunmehr Individuen, die dem kalten Wind einer radikalen Marktvergesellschaftung schutzlos ausgeliefert sind, denn ihr sozialer Habitus wurde durch die Gewöhnung an ein Mindestmaß an Schutz vor den Unwägbarkeiten des Alltags geprägt.

Der neue Habitus des Kapitalismus

Im Rahmen dieses Wandels kommt es nach dem in zahlreichen sozialwissenschaftlichen Publikationen dokumentierten Stand der Forschung zu einer grundlegenden Veränderung der normativen Anforderungen an den Arbeitnehmer bzw., um es zeitgemäß auszudrücken, an das heutige Humankapital. Der im Zeitalter des Neoliberalismus geforderte und geförderte ökonomische Habitus des marktfähigen Arbeitnehmers lässt sich dank der Analyse der einschlägigen Managementliteratur durch Boltanski und Chiapello (2003), aber auch eigener Forschungen des genannten Forscherkollektivs folgendermaßen idealtypisch skizzieren und profilieren:

Seit den 80iger Jahren setzt sich in der Managementliteratur auf breiter Front ein neuer Diskurs und ein neues Vokabular durch, das die vom Arbeitnehmer erwarteten Qualitäten beschreibt. Zu diesen immer mehr eingeforderten bzw. vorausgesetzten Merkmalen und Kompetenzen zählen vor allem und von A bis Z: Autonomie, Charisma, Employability, Flexible Einsatzfähigkeit, Geselligkeit, Impulse geben können, Innovatorisch sein, Kommunikationsfähigkeit, Kompromissfähigkeit, Kreativität, Lebenslanges Lernen, Mitreißen können, Mobilität, Neugierde, Offenheit, Plurikompetenz, Projektmanagement, „Radar" für Informationen, Risikobereitschaft, Selbstmanagement, Selbstsicherheit, Selbstevaluation, Soziales Kapital schöpfen, Spontaneität, Toleranz, Verfügbarkeit, Vermittlerrolle, Vernetzung, Vielfalt der Projekte, Visionär sein, Zuhören können.

Aber was für ein Menschen- und Gesellschaftsbild wird uns eigentlich hier propagiert? Was versteckt sich hinter diesen Begriffen? Und will der Gebrauch „cooler" englischsprachiger Ausdrücke die bittere Pille nicht einfach in

Zuckerguss verkapseln? Dieser Frage möchten wir hier exemplarisch anhand des Schlüsselkonzeptes employability nachgehen und aufzeigen, dass die Konzepte des kapitalistischen newspeak ähnlich einem „Trojanischen Pferd" sehr bedenkliche, um nicht zu sagen „gefährliche" Inhalte wohlkaschiert transportieren.

Employability
Leitkonzept des neuen Geistes des Kapitalismus

Das Konzept employability, in Deutsch umschreibbar als die Fähigkeit auf dem Markt Nachfrage nach der eigenen Arbeitskraft zu wecken bzw. marktfähig zu sein, setzte Mitte der 90er Jahre zu einem weltweiten Siegeszug als Schlüsselbegriff einer globalisierten Vulgata neoliberaler Management-Sprache und als Leitmotiv eines neuen kapitalistischen Geistes an. Es hinterließ immer breitere Spuren auf allen Ebenen wirtschaftlichen Handelns, von betrieblicher Personalpolitik, über nationale Arbeitsmarktpolitik bis hin zu gesamteuropäischen Beschäftigungsprogrammen wie etwa im so genannten Lissabonner Vertrag ratifiziert. Kaum ein anderes Konzept der zeitgenössischen Wirtschaftssprache enthält in vergleichbar konzentrierter Form eine so umfassende, vielschichtige und folgenreiche Definition moderner kapitalistischer Erwerbsarbeit. Diese stand von Beginn an in radikalem Widerspruch zu den bis dahin in den wohlfahrtsstaatlich verfassten „sozialen Marktwirtschaften" und ihrem Anspruch, allen Gesellschaftsmitgliedern soziale Teilhabe (social citizenship) als ein grundlegendes Menschenrecht zu gewähren. Ein solch universeller Rechtsanspruch wurde im Übrigen bereits zur Zeit der französischen Revolution formuliert, wo es hierzu knapp und bündig hieß: „*Tout homme a droit à sa subsistance par le travail*" *(Loi du 19 mars 1793)*. Auch auf dem Wege in die „Soziale Marktwirtschaft" wurde diese Idee eines Grundrechts auf Arbeit weiter gepflegt. Die heute so selbstverständlich daher kommende Idee der employability erscheint mit der sich gerade nach Ende des Zweiten Weltkrieges herausbildenden paternalistischen Wirtschaftsethik völlig unvereinbar, weil hier das Interesse und Wohl der Arbeitnehmenden als zentrale Stakeholder vorrangig gegenüber den Rendite-Interessen der Shareholder bei wichtigen Unternehmensentscheidungen in die Waagschale geworfen wurde.

Mit dem überraschend schnellen Siegeszug des Employability-Konzepts ab Mitte der 1990er Jahre verkehrt sich diese Sicht der Verantwortlichkeiten und Zuständigkeiten für die Integration der Gesellschaftsmitglieder in Arbeitsmarkt und Erwerbsleben total. Nicht das Individuum hat Anrecht auf eine Erwerbsarbeit, sondern es muss unter Beweis stellen, dass es diese verdient. Dieser

Beweis ist dadurch zu erbringen, dass es sein Arbeitsvermögen bzw. Humankapital zu Markte trägt und durch die Generierung von Nachfrage dessen Attraktivität unter Beweis stellt. Diese Beweisführung erfolgt aber nicht einfach nur beim Eintritt in eine vermeintlich lebenslange Anstellung und berufliche Laufbahn, sondern gilt punktuell für zeitlich befristete und mit dem Käufer seiner Arbeitskraft ausgehandelte Projekte nach deren Abschluss von beiden Seiten evaluiert wird, ob beide Vertragspartner mit den Konditionen und Erträgen zufrieden sein können. Beide Seiten scheinen hier auf Augenhöhe und gleichberechtigt wie zwei Unternehmer zu verhandeln, wobei der Arbeitnehmer jetzt als „Arbeitskraftunternehmer" bzw. „Entrepreneur" seines eigenen Humankapitals erscheint. Dass es sich hierbei um eine Fiktion handelt, war schon klassischen Autoren wie Marx und Weber klar, die immer wieder darauf hinwiesen, dass derjenige, der gezwungen ist, seine Arbeitskraft zu verkaufen, um zu (über)leben, doch nur über geringe Verhandlungsspielräume verfügt.

Die mit der Durchsetzung der Employability-Philosophie einhergehende stillschweigende „Revolution" des in den Jahrzehnten nach dem zweiten Weltkrieg vorherrschenden Welt- und Menschenbildes lässt sich als radikale Individualisierung bzw. Privatisierung eines öffentlichen Gutes, der kollektiven Daseinsvorsorge, interpretieren. Stand der sorgende Staat bis dahin als Garant universeller sozialer Teilhaberechte im Schnittpunkt der Arbeitsbeziehungen, so zieht er sich nun aus seinen regulierenden Funktionen bei der Durchsetzung der „sozialen Verantwortung des Eigentums" mehr und mehr zurück und überlässt das Feld der Erwerbsarbeit immer weitgehender der „unsichtbaren Hand des Marktes". Diese nachhaltige Deregulierung bzw. Entstaatlichung der Erwerbsarbeit lässt sich demnach auch schlicht als „Vermarktlichung" (bzw. im Sinne Karl Polanyis als „Kommodifizierung") interpretieren, bei der die menschliche Arbeitskraft immer unverhohlener als eine Ware unter anderen konzipiert wird, die es marktfähig zu gestalten gilt, wenn Mann oder Frau nicht auf ihr „sitzen bleiben" wollen.

Eng verbunden mit dieser Vorstellung ist ein zentrales Dispositiv und Regulativ des zeitgenössischen Management-Instrumentariums: die Evaluation. Employability identifizieren und in sie investieren erfordert ständiges Beobachten, Messen und Vergleichen. Die Praxis par excellence zur Kontrolle von employability ist die Dauerevaluation in all ihren Varianten, von der permanenten self evaluation, über einschlägige Tests und Trainings, die man bezeichnenderweise massenhaft im Internet herunterladen kann, bis hin zur Fremdevaluation durch Experten. In den vergangenen zwei Jahrzehnten hat sich der Anspruch auf kontinuierliche Evaluation der Arbeitsleistung zu einem bereits selbstverständlichen Element der unterschiedlichsten Arbeitswelten entwickelt, wobei natürlich nach Qualifikationsniveau und Statusgruppen zu differenzieren ist.

Schauen wir uns an einem konkreten Beispiel an, in welche Praktiken die Philosophie der employability übersetzt wird.

Employabilty in practice
Das Beispiel des forced ranking

Employability steht für eine ganze Palette an managerialen Praktiken der personalpolitischen Effizienzsteigerung wie etwa dem so genannten forced ranking[2], bei dem es um die Evaluation des „Wertes" von Mitarbeitern geht. Es wurde in den 1980er Jahren in den US-amerikanischen Unternehmen wie General Electric, Ford, Enron, Dow Chemical, Motorola, Microsoft und Yahoo entwickelt und in den vergangenen Jahren insbesondere von Banken wie UBS nach Europa importiert. Als einer der zentralen Pioniere dieser Unternehmensphilosophie kann der Enron-CEO Jack Welch gelten.

Im Namen der employability wird hier eine kontinuierliche Qualitätskontrolle durchgeführt, deren Stoßrichtung nach der offiziellen Lehre eine doppelte sein sollte: Einerseits soll dem Arbeitgeber ein effizientes Messinstrument des Outputs seiner Investitionen in Human Resources an die Hand gegeben werden. Er soll prüfen können, ob die von ihm erwartete und arbeitsvertraglich erworbene Kompetenz sich auch in jeweils adäquater Form einlösen und bilanzieren lässt. Hiermit ist zugleich gesagt, dass dieses Evaluations- und Kontrollinstrument im Falle einer – aus der Sicht des Arbeitgebers – ungünstigen Bilanz auch dazu genutzt werden kann und soll, die Konsequenz zu ziehen und das Arbeitsverhältnis zu beenden bzw. nur bedingt weiterzuführen. Aus der Sicht des Arbeitnehmers, so wird zumindest postuliert, bietet die kontinuierliche Evaluation seiner employability nicht nur die Möglichkeit zur kritischen Bestandsaufnahme des jeweils Erreichten im Verhältnis zu den gesetzten Zielen, sondern auch die Chance, sich im Falle einer befriedigenden Erfüllung seines Solls mit neuen Forderungen an den Vertragspartner, den Arbeitgeber, zu wenden, um sich entsprechend honorieren zu lassen oder sich auf dem Arbeitsmarkt nach einer neuen Anstellung auf der Höhe seiner employability umzusehen.

Auch hier wendet demnach das Konzept der employability ganz folgerichtig auf die Idee freien und grenzenlosen Markthandelns und der ihm eigenen rationalen Handlungskompetenz auf alle Akteure des Arbeitsmarktes an. Indem das Prinzip permanenter Qualitätskontrolle die Arbeitsbiografie in klar

---

2   Die ja erfindungsreiche Management-Sprache hat noch andere Bezeichnungen für diese Praxis in die Welt gesetzt, z.b. rank and yank, topgrading oder vitality curve.

abgegrenzte Zeiteinheiten zerlegt und jede dieser Perioden im Sinne eines in sich mehr oder weniger geschlossenen und solchermaßen zu evaluierenden „Projektes" behandelt, wird zugleich auch das Prinzip befristeter Arbeitsverträge mittransportiert, denn wie sonst könnte der beschriebene Mechanismus der Dauerevaluation und Bilanzierung von Kosten- und Nutzen-Verhältnissen für die Vertragspartner, die „Arbeit geben und nehmen", funktionieren. Auch hier wird also die Idee der employability zu einem Gefäß, in welchem eine ganze Kette schwergewichtiger, oft ungeplanter, unbewusster und nicht zuletzt unerwünschter Implikationen wie in einem Trojanischen Pferd kaschiert mittransportiert werden.

In ihrer engen Verzahnung und wechselseitigen Durchdringung scheinen diese sich um das Leitmotiv der employability rankenden neuen Kardinaltugenden des Erwerbslebens darauf gerichtet, die Marktkompetenzen aller Marktakteure durch die Orientierung am Idealtypus des Unternehmers zu stärken und einen Habitus des flexiblen, rational und strategisch an der Optimierung von Marktchancen orientierten homo oeconomicus zu fördern.

Das neue Ethos des Kapitalismus entstand, wie Boltanski und Chiapello (2003) überzeugend rekonstruiert haben, auf den Chefetagen der Unternehmen und in den Consulting-Agenturen. Hier wurde das Menschenbild des universellen „freien Unternehmers seiner selbst" genährt, bei dem individuelle Selbstsorge kollektive Vorsorge und Fürsorge ersetzen. Es handelt sich um ein Ethos von Eliten für Eliten entwickelt, dessen Pathos die eigenen sozialen Möglichkeiten geflissentlich ignoriert und vergessen lässt, dass die Fähigkeit der Selbstsorge nicht zuletzt als Privileg eines Individuums verstanden werden muss, das über die notwendigen materiellen Privilegien verfügt, um sich selbst in die Hand nehmen zu können. Diese Voraussetzungen haben jedoch unter den heutigen Bedingungen der hoch technisierten Informationsgesellschaft immer weniger einen materiellen, patrimonialen Charakter, sondern sind weitgehend personengebunden, sei es in Form inkorporierten bzw. zum Habitus eingefleischten kulturellen Kapitals, sei es in Form persönlicher Netzwerke und sozialen Kapitals. Beide erfüllen die Voraussetzungen maximaler Mobilität und Flexibilität, die heute zentrale Merkmale des employable man sind. Welch seltsames Paradoxon: Ein immer mehr zersplitterter, in Einzelprojekte zerlegter und nur durch isolierte Werkverträge punktuell gesicherter gesellschaftlicher Arbeitszusammenhang soll durch die Forderung und Förderung einer komplexen Persönlichkeitsstruktur mit höchster Handlungs- und Selbststeuerungskompetenz ermöglicht und gewährleistet werden.

Am Gegenpol zu diesem Bild eines neuen elitären ökonomischen Habitus entsteht deshalb unweigerlich die Negativfolie des unemployable man: man muss nur bei den weiter oben präsentierten idealtypischen Erwartungen an den employable man je ein negatives Vorzeichen setzen und schon entsteht der Steckbrief des jetzt stigmatisierten klassischen Arbeitnehmerhabitus. Was gestern positiv bewertet wurde und selbst Produkt eines jahrhundertelangen Konstruktionsprozesses der Institutionalisierung des Arbeitnehmers war, wird plötzlich innerhalb kürzester Zeit zum Auslaufmodell deklassiert. Die hier gleichermaßen erfahrbaren Formen struktureller und symbolischer Gewalt werden für die Deklassierten und Disqualifizierten umso leidvoller und entwaffnender, als sie unter den Vorzeichen und Verheißungen einer an individueller Selbstverwirklichung und -behauptung orientierten „Gesellschaft der Individuen" (Elias) die Schuld für ihr Versagen zwangsläufig bei sich selbst suchen und dann wohl auch entdecken werden. Symbolische Gewalt als die subtilste Form der Herrschaft beruht nun einmal auf einem Mechanismus, bei dem die Herrschaftsunterworfenen dazu gebraucht werden, selbst anzuerkennen, dass alles mit rechten Dingen zugeht und jeder nach den ihm gegebenen Möglichkeiten und Grenzen seines eigenen Glückes oder Unglückes Schmied ist.

Der beschriebene ökonomische Habitus des *employable man*[3] spiegelt direkt die von Paul Treanor überzeugend analysierten allgemeinen Grundzüge der neoliberalen Wirtschafts- und Gesellschaftslehre wider[4]. Hierzu zählen Aspekte wie: Optimierung der Markt-Transaktionen (Zahl und Frequenz), Optimierung der Vertragsabschlüsse (Zahl und Frequenz), Reduktion des Inhalts von Verträgen auf die effektiv zu erbringenden Leistungen (reiner Leistungslohn und reiner Zweckkontrakt), bedingungsloser Glauben an die rationale und moralische Notwendigkeit des Marktes, Ausdehnung und Intensivierung des Markthandelns im gesellschaftlichen Raum, Ausräumen aller dabei im Wege stehenden Schranken, Schaffung von Quasi-Märkten bzw. Sub-Märkten auch im Innern ein- und desselben Unternehmens, Glaube an den Unternehmer als Prototyp eines sensibel und rational auf die Marktkräfte reagierenden Akteurs und Forderung nach einer Orientierung an diesem rational wie moralisch überlegenen Handlungsmodell bzw. Habitus für Jedermann.

Soweit der in vielfältigen sozialwissenschaftlichen Studien diagnostizierte Wandel der modernen Arbeitsgesellschaft auf makrostruktureller (Wirtschaftsstrukturen) wie individueller Ebene (Habitus). Aber wie nimmt sich dieser Wandel in einer Bottom-up-Perspektive, d.h. aus der Sicht der betroffenen Erwerbs- und Berufstätigen selbst aus?

---

3   Hier wie andernorts wird „man" geschlechtsneutral in seiner anthropologischen
     Bedeutung verwendet.
4   Vgl. hierzu: http://web.inter.nl.net/users/Paul.Treanor/neoliberalism.html

Arbeitswelten im Wandel
Gesellschaftsdiagnosen von „Unten"

In den Jahren 2008-2010 gingen rund 40 Sozialwissenschaftler aus Deutschland, Österreich und der Schweiz mit einem kollektiven Forschungsvorhaben zur Analyse des Wandels von Arbeitswelten, dessen Früchte im Juni 2010 in einer gemeinsamen Publikation präsentiert wurden, der Frage nach den subjektiven Erfahrungen im arbeitsweltlichem Wandel nach. Warum noch ein umfangreiches Buch zu dem so intensiv beackerten Feld der Gesellschaftsdiagnostik? Gewiss, Neuland wird mit den vorgelegten Beobachtungen, Analysen und Interpretationen zur heutigen Arbeitswelt und ihren Veränderungen wohl kaum betreten, doch die Wege dorthin, die Sicht auf diese Welt und die dabei eingenommenen Blickwinkel unterscheiden sich grundlegend vom main stream der zeitgenössischen Arbeitsforschung. Es sollen nämlich die betroffenen Zeitgenossen und Mitmenschen mit ihren konkreten subjektiven Erfahrungen und Deutungen von erlebten Veränderungen selbst zu Wort kommen und im Zentrum dieser Studie stehen. Mehrere Dutzend Vertreter der unterschiedlichsten Berufsfelder und Branchen legen in diesem Buch Zeugnis ab über ihren beruflichen Alltag, ihre ganz gewöhnlichen Verrichtungen und Aufgaben, die erforderlichen Kompetenzen und Anforderungen, die selbstverantworteten Handlungsspielräume und institutionellen Einschränkungen, die empfundenen Befriedigungen, Frustrationen und Zumutungen. Hierdurch werden sie nicht einfach zu „Gegenständen" sozialwissenschaftlicher Betrachtungen und Deutungen, sie beobachten und analysieren, beurteilen und interpretieren selbst, was ihnen in ihrer beruflichen Alltagswelt widerfährt und nehmen aktiv Anteil an der soziologischen Objektivierung aktueller Transformationsprozesse von Arbeit. Angeregt durch die Fragen und das Interesse der Forscher, die ihnen aufmerksam gegenüber sitzen, berichten sie nicht nur vom aktuellen Zustand ihrer Arbeitswelt, sondern auch von deren längerfristigem Wandel. Dazu waren sie besonders deshalb befähigt, weil sie im Durchschnitt seit gut zwei Jahrzehnten mit ihrer Berufswelt vertraut sind und auf ein gutes Stück sozialen und ökonomischen Wandels zurück blicken können. Aus diesem Grunde wurden sie auch als Gesprächspartner ausgewählt und ausführlich befragt. Hierbei entstanden Dokumente bzw. Zeitzeugnisse ganz eigener Qualität und Relevanz, erhoben von einer beachtlichen Anzahl an Sozialwissenschaftlern und -wissenschaftlerinnen aus Deutschland, Österreich und der Schweiz, die sich aufgrund eines gemeinsamen Interesses und Engagements für einen solchen Forschungsansatz qualitativer Gesellschaftsanalyse und -diagnose „von Unten" zu diesem Forschungsprojekt entschlossen hatten. Ihr explizites Ziel, den Beschäftigten der unterschiedlichsten Arbeitswelten selbst eine Stimme zu geben und sie an der Deutung ihrer Arbeits- und Lebenssituation teilhaben zu lassen, stand für sie in der Kontinuität eines bewährten Forschungsansatzes, der nicht die Interpretation und Typisierung von gesellschaftlichen Verhältnissen aus den lichten Höhen theoretischer Zeitdiagnostik, sondern die Zeugnisse von Menschen aus unterschiedlichsten Arbeitsrealitäten in den Vordergrund rückt. Verzichtet wird bewusst auf spekulative und spektakuläre Globalinterpretationen und Großtheorien zur Gesamtdynamik aktueller spätkapitalistischer Entwicklungsdynamiken, obwohl alle an diesem Projekt Beteiligten über solche Perspektiven verfügen. Der bewusste Verzicht auf holzschnittartig akzentuierte Gesellschaftsdiagnosen verfolgt das Ziel, die Entscheidung für einen verstehenden Zugang zu den alltäglichen Erfahrungen und Befindlichkeiten von Berufstätigen nicht dadurch zu unterlaufen, dass die gewonnenen Zeugnisse als „Illustration" spezifischer theoretischer Vorentscheidungen instrumentalisiert werden.

Das gemeinsame Ziel, zu einer breit angelegten und möglichst vielfältigen Palette an Einblicken in die gesellschaftlichen Veränderungen unterschiedlichster Berufssphären zu gelangen und durch subjektive Zeugnisse zu dokumentieren, setzte natürlich voraus, dass ein solch breiter Feldzugang praktisch verwirklicht werden konnte und in dieser Hinsicht brachte die Zusammenarbeit von mehreren Dutzend Forschern und Forscherinnen enorme Vorteile mit sich. Jedes Mitglied Gruppe brachte dabei den eigenen besonderen „Feldzugang" ins Projekt ein, etablierte eine Vertrauensbeziehung zu dem Vertreter der jeweiligen Berufswelt, führte das Gespräch, transkribierte es und entwickelte eine soziologische Rahmung des Interviews. So kam es bei diesem Vorhaben zur Zusammenlegung von Forschungserfahrungen und -kompetenzen, von sozialem Kapital im Hinblick auf Feldzugänge und Kontakte zu potentiellen Gesprächspartnern und zu einer Kumulation von vorhandenem Wissen vom jeweiligen Forschungsstand und der gesellschaftstheoretischen und -analytischen Ansätze. Fraglos wäre eine kleine Forschergruppe oder gar ein einzelner Sozialwissenschaftler oder eine einzelne Sozialwissenschaftlerin kaum in der Lage gewesen, diese Vorbedingungen zu erbringen.

Das Spektrum der biografischen Berichte aus unterschiedlichen Wirklichkeiten und Ebenen des Erwerbslebens reicht von der Verwaltungsangestellten bis zum Chefarzt, vom Gymnasiallehrer bis zur Landwirtin, von der Putzhilfe bis zum Anwalt, vom Industriearbeiter bis zur Kita-Leiterin und vom Kranbauer bis zum Arbeitsrichter. Sie alle berichten aus ihrer Arbeitswelt, erzählen, wie und warum sie ihren Beruf mehr oder minder bewusst und gezielt, mehr oder weniger freiwillig oder umständehalber gewählt haben. Sie erzählen von physischen und psychischen Belastungen, aber auch von Befriedigung und Berufsstolz, von Frustrationen und Desillusionierungen einst gehegter Hoffnungen an die berufliche Zukunft, von komfortablen oder prekären Einkommensverhältnissen, vom Berufsstress und schließlich von Langeweile und permanenter Anspannung, von kollegialem Zusammenhalt und Solidarität. Berichtet wird aber auch von zunehmender Anonymisierung und Individualisierung, von Tendenzen zum Rückzug ins Private oder einem „inneren Exil" im Unternehmen, von geschwundenem Vertrauen in dessen Führung und vom Unmut über die stetig zunehmende Ökonomisierung von Sphären, die bisher als „öffentliche Dienste" geschätzt wurden und von der Zunahme managerialer Regulierungsformen (Fremd- und Selbstevaluationen, bench marking, best practice etc.), die oft als Zumutung und Gängelung wahrgenommen werden.

Studien zum Wandel der Arbeitswelt in einem exponierten Bereich
Mutationen einer Schweizer Traditionsbank zum Global Player und ihre gesellschaftlichen Folgekosten

Eine besondere Möglichkeit, den Forschungsinteressen in der Tradition der Sozioanalyse nachzugehen, ergab sich in einer Studie zu einem Umstrukturierungsprozess in einem Schweizer Unternehmen von Weltruf. Es begann Mitte der 90er Jahren damit, seine Unternehmenskultur im Gefolge einer zweifachen Fusion radikal umzukrempeln bzw. zu „modernisieren" und im gleichen Schritt rund 4000 Mitarbeiter zu entlassen oder – wie man dort sagte – „freizustellen". Bis zu diesem Zeitpunkt schien dieses Unternehmen einen besonderen Stolz darin gefunden zu haben, noch nie einen Mitarbeiter vor die Tür gesetzt zu haben. Es handelte sich also um eine tiefgreifende Metamorphose, nach der dieses Unternehmen gerade für langjährige Mitarbeiter und Mitarbeiterinnen aller hierarchischen Positionen nicht mehr wiederzuerkennen war.

Der Autor hatte Gelegenheit, diesen Prozess über eine Dauer von mehr als zwei Jahren zusammen mit einer Gruppe jüngerer Soziologen und Soziologinnen beobachtend zu begleiten und zu erforschen[5]. Die Befunde und Ergebnisse dieser Beobachtungen und Analysen können über den Einzelfall hinaus als Spiegel unserer Gesellschaft auf dem Wege in ein neues, neoliberales Zeitalter dienen.

Im Zentrum hierbei steht die Frage nach dem Menschen: Was wird aus ihm unter den Bedingungen einer brutalen Radikalisierung der Marktlogik? Entwi-

---

5   Eine ausführliche Präsentation der Fragestellungen, Methoden und Befunde dieser Forschung wurde in der 2004 abgeschlossenen Doktorarbeit von Andrea Buss-Notter geboten, welche im Rahmen dieses Projektes entstand. Vgl. Buss-Notter, A.: Soziale Folgen ökonomischer Umstrukturierungen, Konstanz, UVK, 2006

ckelt er sich vollends zu einem Homo Oeconomicus, wie es die moderne Wirt-
schaftslogik zu fordern scheint und wie viele der beobachtbaren Veränderungen es bereits andeuten? Gibt es Widerstände und Kräfte der Beharrung? Wie
wird dieser Wandel erlebt und erlitten? Mit solchen bewusst „naiv" erschei-
nenden Fragen folgen wir einem zentralen soziologischen Erkenntnisinteresse,
welches von Max Weber (1973, 217) in der folgenden Weise auf einen klaren
Nenner gebracht wurde: „Ausnahmslos jede wie auch immer geartete Ordnung
der gesellschaftlichen Beziehungen ist, wenn man sie bewerten will, letztlich
auch daraufhin zu prüfen, welchem menschlichen Typus sie, im Wege äußerer
oder innerer (Motiv-)Auslese, die optimalen Chancen gibt, zum herrschenden
zu werden."

Das Unternehmen holte sich für die Durchsetzung einer weitreichenden
Rationalisierung und Modernisierung eine weltweit bekannte Unternehmens-
beratungsfirma ins Haus. Um die rund 4000 Arbeitsplätze einzusparen – um
sozusagen den Ausschuss des Modernisierungsprozesses auszusortieren –,
legte man die Elle der employability an. Das Prinzip der employability wurde
von den zuständigen consultants in Form von Workshops umgesetzt: Alle Mitarbeiter der fusionierenden Unternehmung wurden eingeladen, um an ausge-
wählten Tagungsorten einen Wettkampf um ihr Verbleiben bzw. Überleben zu
bestehen und dabei zu beweisen, dass sie gegenüber ihren Konkurrenten ein
höheres Maß an employability aufzuweisen hatten.[6]

Unsere Forschung bediente sich unterschiedlicher Methoden wie:

- der teilnehmenden Beobachtung
- der Auswertung schriftlicher Quellen unterschiedlichster Herkunft und
  Funktion (Personalakten, Trainingsprogramme, Pläne des Consulting-
  Unternehmens etc.)
- der statistischen Auswertung von Personalakten (soziodemographische
  Profile der Population freigestellter Mitarbeiter nach soziologisch relevan-
  ten Kriterien wie Alter, Herkunft, Familienstand etc.)
- der qualitativen Interviews mit mehr als 100 Betroffenen unterschiedlichster Positionen im Unternehmen.

---

6   Es bedarf wohl kaum einer längeren Fußnote, um auf die besondere Brutalität
dieser Form sozialer Auslese zu verweisen. Das sozialdarwinistische Prinzip des
„survival of the fittest" wird unter den Bedingungen solcher „Überlebensübun-
gen" ohne Umschweife zelebriert, und analog zu den traditionellen Ausschei-
dungskämpfen (von den Gladiatorenkämpfen im Zirkus des alten Rom bis hin
zum modernen Sport oder medial inszenierten Wettbewerben aller Art) lässt sich
auch hier die kollektive Illusion wahren, dass alles mit rechten Dingen zugeht.

Dabei ging es darum, die menschlichen Erfahrungen mit dem Umbruch ans Licht zu bringen und deren Zeugnisse festzuhalten. Dieses Kernstück des Projektes diente u.a. auch dem Zweck, den Wandel des Unternehmens, welcher in künftigen Zeiten wohl hauptsächlich aus der Vogelperspektive der Unternehmensspitze als einschneidender Erfolg einer Anpassung an die Zwänge des Marktes und verschärfter globaler Konkurrenz gefeiert werden wird, auch aus der Froschperspektive des Angestellten zu sehen und deutlich zu machen, dass es sich bei diesem Unternehmenswandel um eine sehr doppelschneidige Angelegenheit handelt. Dieser bringt nicht nur auf Seiten der ihn passiv erleidenden Alltagsmenschen enorme Verlustgefühle und Leiden mit sich, sondern destabilisiert auch das Verhältnis der im Unternehmen Verbleibenden dauerhaft, zerstört langfristig das Vertrauen, das der einfache Arbeitnehmer in es setzte und schlägt sich im so genannten Survivor-Sickness-Syndrom nieder, welches wohl auch für das Unternehmen selbst langfristig negative Konsequenzen in Form von sinkender Identifikation (die viel beschworene corporate identity) und Arbeitsmotivation haben kann.

Mittels der statistischen Auswertung der demographischen und sozialen Merkmale der rund 4000 aussortierten Menschen gingen wir zunächst der Frage nach, ob der Wettkampf ums Überleben tatsächlich so egalitär wie behauptet vor sich ging, oder ob es typische Verlierer- und typische Gewinner-Profile gab.

Schaut man die Merkmale und Profile der „Verlierer" bei dieser Ausscheidungskonkurrenz an und fragt, was sie für die Freistellung prädisponierte, welche „Handicaps" sie in der Konkurrenz um künstlich verknappte Stellen aufwiesen, so stößt man zunächst auf den Faktor Geschlecht. Frauen waren bei der Population ausgesonderter Mitarbeiter, den leavern, weit überrepräsentiert, was zu einem guten Teil mit einem weiteren Typus des Handicaps bzw. der sozialen Verwundbarkeit zusammenhängen dürfte: der Familiensituation. Wie unsere statistische Analyse offen legte, scheinen Mütter von Kleinkindern, aber auch noch schulpflichtigen Kindern in ihrer vom Unternehmen evaluierten employability stark beeinträchtigt (gehandicapt) und wurden weit überdurchschnittlich frei gestellt[7], während Vätern in gleichen Familienverhältnissen ein solches Schicksal als „strukturelle Opfer" der Modernisierung erspart blieb. Kinder als Handicap? Glaubt man, dass unsere fortgeschrittenen Industriegesellschaften in Sachen Geschlechterungleichheit doch einige Fortschritte ge-

---

7   Hier sei darauf verwiesen, dass auch Teilzeitarbeit ein deutlicher Indikator für die Verwundbarkeit von Angestellten im sozialen Selektionsprozess darstellt, allerdings signifikant mit den beiden genannten Faktoren weibliches Geschlecht und Familienlasten korrelierte und in dieser Weise für eine Ausgrenzung der dreifach Betroffenen prädestinierte.

macht hätten, so wird man angesichts aktueller sozioökonomischer Veränderungen schnell eines Besseren belehrt.

Weiterhin erwies sich der Faktor Alter als zentrales Selektionskriterium: Bereits ab 45 Jahren wurden Arbeitnehmer signifikant häufiger freigestellt, ab 55 Jahren aber prinzipiell von einer Frühverrentung betroffen, eine Entscheidung, die aufgrund ihrer für das Unternehmen katastrophalen Folgen schnell revidiert wurde.[8]

Auch das kulturelle Kapital in Form von schulischen und universitären Diplomen erwies sich als einschneidendes Selektionsprinzip: je geringer das schulische Kapital, desto grösser die Ausscheidungswahrscheinlichkeit – so einfach lesen sich die aus der statistischen Auswertung der Profile von Gewinnern und Verlierern destillierten Kriterien. Kommt noch ein geographisches bzw. sozial-topographisches Selektionselement hinzu, welches die spezifischen historisch gewachsenen Verhältnisse der Schweiz gut widerspiegelt: Arbeitnehmer aus den französisch- und italienischsprachigen Regionen der Schweiz waren deutlich häufiger dem Risiko des Arbeitsplatzverlustes ausgesetzt als jene aus der Deutschschweiz und das sich in dieser Form der Sonderung zum Ausdruck bringende Prinzip der Dominanz des Zentrums (die Deutschschweiz als zentraler Wirtschaftsstandort) spielte auch innerhalb dieses dominanten Sprachraums nochmals nach der Logik der Zentralität (Zürich als Kapitale des Kapitals der Schweiz war der Ort, an dem es sich am ehesten „überleben" liess, Basel-Land oder die Ostschweiz hingegen gaben schlechte Standorte im Rennen ums Verbleiben ab.)

Innerhalb der Gruppe der ausgesonderten unemployable men des Unternehmens trafen wir aber auch Personen an, die oft seit geraumer Zeit mit gesundheitlichen Problemen, seien sie körperlicher oder seelischer Art, zu kämpfen hatten.

Hier trafen wir Mitmenschen an, die uns von ihrem vermeintlich individuellen Schicksal berichteten und in Wirklichkeit Zeugnis von einer Renaissance der kollektiven Intoleranz gegenüber Schwächen und Makeln aller Art ablegten. Sie hatten seitens ihres Arbeitgebers, der sich früher stolz dazu bekannte,

---

8   Hier wie auch an vielen anderen Orten muss der Soziologe schlicht seinem Erstaunen Ausdruck geben und gestehen, immer wieder davon überrascht zu werden, mit welcher Weltfremdheit und Naivität hoch bezahlte Consultants wider allen gesunden Menschenverstand ihre am grünen Tisch der Wirtschaftshochschulen erworbenen abstrakten Modellierungskünste contra-faktisch der Wirklichkeit verschreiben bzw. oktroyieren wollen. Eigentlich müsste man wissen, dass man das soziale Gedächtnis eines Unternehmens zerstört, wenn man eine ganze Generation schlicht vergessen macht. Aber gesellschaftliche Eliten funktionieren nun einmal nicht nach Prinzipien des gesunden Menschenverstandes.

noch nie einen Arbeitnehmer „freigestellt" zu haben, ein hohes Mass an Toleranz gegenüber ihren körperlichen und psychischen Leiden erfahren, und
die jetzt über sie hereinbrechende Katastrophe traf sie um so unvorbereiteter.
Die „neuen Unsicherheiten nach den sozialen Sicherungen", wie es Castel aus-
drückt, treffen auf Menschen, die ihnen um so schutzloser ausgeliefert scheinen, als die Prozesse der Individualisierung und Modernisierung alltäglicher
Lebensverhältnisse, an denen sie aufgrund der sozialen Sicherungen teilhaben
konnten, sie aus ihren traditionellen Netzwerken (Familienverband und erweiterte Verwandtschaft, Nachbarschaft, Kollegen etc.) „freigesetzt" haben und
sich der unter den Bedingungen verschärfter Marktkonkurrenz beschworene
Individualismus bei ihnen nun „negativ" zu Buche schlägt.

Die befragten „Freigestellten" berichteten uns von persönlichen Dramen,
fatalistischer Hinnahme des Unglücks, von Wut und Hass auf das Unternehmen, von Selbstzweifeln und Ressentiments gegenüber bestimmten Vorgesetzten. Hauptsächlich aber sprachen die Befragten von einem tiefgehenden Gefühl
des Verlustes, des Verlustes an Heimat, an Identität, an Zwischenmenschlich-
keit und Gemeinschaft und allen voran ein Verlust an Vertrauen in die Gesellschaft und deren Zusammenhalt.

Seitens der Überlebenden, der *survivors*, dieser Massenentlassung waren
die biografischen Erschütterungen kaum weniger dramatisch. Sicher, man be-
fand sich unter der winnern, den Modernisierungsgewinnern, doch dies gab
alles andere als Anlass zur Freude und Beruhigung. Ganz im Gegenteil stellte
sich hier zusehends eine Stimmungslage gemischt aus Misstrauen, Zukunfts-
angst, Solidarität mit den leavern und Ressentiments gegen die Unternehmens-
führung ein.

Fast zehn Jahre nach Durchführung dieser Forschung hatten wir Gelegenheit, im Rahmen der oben skizzierten Studie „Ein halbes Leben" (Schultheis et
al. 2010) mit der Mitarbeitersprecherin einer der beiden Schweizer Großban-
ken ein ausführliches Interview zur Lage der Arbeitnehmer durchzuführen und
hiermit einen Blick auf die längerfristigen Folgen solcher Transformationsprozesse zu werfen. Hierbei stellte unsere Zeugin ohne Umschweife und Beschöni-
gungen fest: „Es ist ganz erstaunlich, was kleine Leute aushalten und was kleine
Leute sich gefallen lassen. Das ist unbeschreiblich. Und diese Kombination aus
Angst und Verunsicherung dadurch, dass man nicht wirklich informiert ist, tut
natürlich ihr Übriges. Ich muss auch sagen, die X-BANK ist deshalb ein Spezial-
fall, weil uns diese ganze Krise natürlich in einer Art und Weise getroffen hat,
die einer Demontage gleichkommt […], dass […] in einer solchen Großbank […]
von dem mündigen Mitarbeiter ausgeht, der sich ja selber wehrt, und der ja
alles weiß, und der informiert ist, ist sowieso ʼne Illusion, aber davon geht die
Bank aus. Und sie behauptet auch, sie würde nur noch solche Leute rekrutie-
ren, […] dann ist es so, dass mir auch in den letzten Jahren vielmehr das Ma-

nagement, sogar Topmanager, als die kleinen Leute, gesagt haben, he, hier läuft irgendwas furchtbar aus dem Ruder, [...]"

Anders gesagt, haben wir es hier mit den langfristigen Folgeerscheinungen von Unternehmenswandel im neuen Geiste des Kapitalismus zu tun. Flexibilisierung, Mobilisierung, Effizienzsteigerung durch Projektmanagement etc. spiegeln eine Unternehmenskultur, die den traditionellen Statuskontrakt zwischen Arbeitgeber und Arbeitnehmer, wie man es in Anlehnung an Max Weber[9] formulieren kann, sukzessive durch einen reinen Zweckkontrakt ersetzt, bei dem der Tauschwert des vom Arbeitnehmer verkörperten Humankaptals ohne Ansehen der Person taxiert und dadurch kommodifiziert wird. Dass sich dieses neue Regime in einer fundamentalen Verunsicherung insbesondere der weniger marktfähigen und -gängigen Arbeitnehmer niederschlägt und diese das Gefühl von Angst und Ohnmacht mehr und mehr zu deren dauerhaften Begleiter macht, lässt sich auf dem Wege verstehender Gesellschaftsdiagnose sehr eindringlich nachvollziehen, während es im Spiegel massenstatistischer Daten zu Struktur und Wandel der Arbeitswelt einer „Gesellschaft ohne Eigenschaften" verblasst.

Bibliographie

Boltanski, Luc/Chiapello, Ève (2003): Der neue Geist des Kapitalismus, Konstanz, UVK Verlag.

Bourdieu, Pierre (1997): Das Elend der Welt. Zeugnisse und Diagnosen alltäglichen Leidens an der Gesellschaft, Konstanz, UVK Verlag.

Bourdieu, Pierre (2000): Die zwei Gesichter der Arbeit. Interdependenzen von Zeit- und Wirtschaftsstrukturen am Beispiel einer Ethnologie der algerischen Übergangsgesellschaft, Konstanz, UVK Verlag.

Castel, Robert (2000): Die Metamorphosen der sozialen Frage. Eine Chronik der Lohnarbeit, Konstanz, UVK Verlag.

Schultheis, Franz (2004): „Der Arbeiter: eine verdrängte gesellschaftliche Realität". In: Beaud, Stéphane/Pialoux, Michel (Hg.), Die verlorene Zukunft der Arbeiter. Die Peugeot-Werke von Sochaux- Montbéliard, Konstanz, UVK Verlag, S. 8 15.

Schultheis, Franz/Schulz, Kristina, (Hg.) (2005): Gesellschaft mit begrenzter Haftung. Zumutungen und Leiden im deutschen Alltag, Konstanz, UVK Verlag.

Schultheis, Franz/Vuille, Michel (Hg.) (2007): Entre flexibilité et précarité – Regards croisés sur la jeunesse, Paris, L'Harmattan.

---

9   Weber, Max: Wirtschaft und Gesellschaft, Tübingen 1973, S. 401 ff.

Schultheis, Franz/Vogel, Berthold, Gemperle, Michael (Hg.): Ein halbes Leben – Biografische Zeugnisse aus einer Arbeitswelt im Umbruch, Konstanz,
UVK Verlag, 2010.

Weber, Max (1973): Wirtschaft und Gesellschaft, Tübingen, Mohr.

Weber, Max (1973): Gesammelte Aufsätze zur Wissenschaftslehre, Tübingen
1973, 217.

Klaus Peters

Indirekte Steuerung und interessierte Selbstgefährdung

Abhängig Beschäftigte vor unternehmerischen Herausforderungen

Im Rahmen dieses Beitrags möchte ich zunächst den Blick auf die Veränderungen in der Arbeitswelt lenken, dann die vielleicht etwas gewagte These darlegen, dass mit diesen Veränderungen aus strukturellen Gründen eine Zunahme der psychischen Belastungen bei der Arbeit verbunden ist. Schließlich will ich versuchen zu zeigen, auf welche Weise man dieser Situation begegnen kann.

Der dritte Punkt ist selbstverständlich der kritischste, und – um das Unangenehmste gleich vorwegzunehmen – man weiß heute noch viel zu wenig darüber. Dennoch möchte ich den Versuch unternehmen, erste Antworten auf die Frage zu geben, in welche Richtung man gehen kann, und wie erste Initiativen aussehen müssen. Einen Aspekt will ich dabei vorwegnehmen, der mir der allerwichtigste zu sein scheint: Es kommt in den Unternehmen heute mehr denn je darauf an, das eigene Denken zu fördern.

Interessanterweise sind dieselben Menschen, die die neuen Management- und Steuerungsformen erfunden haben, auch diejenigen, die den Ausdruck „Wissensgesellschaft" geprägt haben. Zweifellos trifft der Ausdruck „Wissensgesellschaft" einiges, wie z.B. die zunehmende Bedeutung des Wissens für die Wirtschaft und die Unternehmen. Vollkommen in den Hintergrund getreten ist dabei etwas, was meiner Meinung nach immer wichtiger wird: nämlich das eigene Denken. Seit über zehn Jahren befasse ich mich damit, eigenes Denken in Unternehmen voranzubringen. Dabei bin ich dort auch selbst in Gestaltungs- und Veränderungsprozesse eingebunden.

Statt hier die theoretischen Konzepte darzulegen, die hinter meiner Arbeit stehen, möchte ich in diesem Beitrag das mitteilen, was ich ungefähr einmal in der Woche auch auf Betriebsversammlungen sage. Damit möchte ich ein Beispiel dafür geben, wie sich das Selber-Denken im Unternehmen fördern lässt.

Ich gehe von der These aus, dass die Unternehmen heute bestrebt sind, die Leistungsdynamik von Selbständigen und Freiberuflern bei abhängig Beschäftigten zu reproduzieren. Um dieser These mehr Konturen zu geben, werfe ich als erstes einen Blick auf die Leistungsdynamik der traditionellen Arbeitnehmer und Arbeitnehmerinnen, anschließend einen Blick auf die Leistungsdynamik von Freiberuflern und Selbständigen und frage dann danach, wie man beides zusammenbringt.

Die Leistungsdynamik von abhängig Beschäftigten und von Selbständigen

Die Leistungsdynamik von abhängig Beschäftigten war im Wesentlichen durch drei Faktoren bestimmt:

Zum Ersten durch die Weisungsgebundenheit. Im Arbeitsvertrag unterwirft man sich dem Direktionsrecht des Arbeitgebers, wie es im Arbeitsrecht heißt. Das bedeutet, dass der Arbeitgeber sagen kann, wo es lang geht. Man verpflichtet sich, die Bestimmungen des Arbeitsvertrages einzuhalten. Wenn die Arbeitnehmenden dagegen verstoßen, hat der Arbeitgeber die Möglichkeit, sich dagegen zu wehren, Disziplin zu erzwingen. Das bedeutet, dass den Beschäftigten Disziplinarmaßnahmen drohen, im schlimmsten Fall eine Entlassung aus personenbedingten Gründen.

Zum Zweiten droht aber nicht nur etwas, sondern es winkt auch etwas – die so genannten Gratifikationen. Denn wer seine Arbeit etwas besser macht als nötig, dem winken Lob und Belohnung. Im schönsten Fall hat die Belohnung den Charakter einer Beförderung, die mit zusätzlicher Entlohnung verbunden ist. Man hat hier also eine Polarität von dem, was droht und von dem, was winkt. Der Volksmund spricht von „Zuckerbrot und Peitsche".

Zum Dritten spielt die „intrinsische Motivation" eine Rolle, die Freude, die durch die Art der Arbeit, durch den Arbeitsgegenstand selbst, erzeugt wird. Eine solche Identifikation mit der eigenen Tätigkeit gibt es bei Beschäftigten, die das besondere Glück haben, ihre Arbeit fachlich interessant zu finden oder einen besonderen sozialen Sinn darin zu sehen. Bei Facharbeitern heißt das „Facharbeiterstolz", aber das gibt es nicht nur bei Facharbeitern.

Selbständig und freiberuflich Arbeitende hingegen sind nicht weisungsgebunden, d.h. sie können theoretisch tun, was sie selber wollen. Aber – und nun geht es mit dem Selber-Denken richtig los: Dass sie tun können, was sie selber wollen, heißt nicht, dass sie tun können, was sie wollen. Denn wer sich nicht richtig verhält – „richtig" heißt in diesem Zusammenhang nicht gemessen an den Erwartungen von Vorgesetzten, sondern gemessen an vorgefundenen Rahmenbedingungen –, dem droht geschäftlicher Misserfolg, im schlimmsten Fall der Bankrott der eigenen Firma.

Auf der anderen Seite „winkt" auch hier etwas, aber weniger die Belohnung durch Vorgesetzte als vielmehr der eigene Erfolg. Es gibt also auch bei den Selbständigen eine Polarität von dem, was droht und dem, was winkt, aber hier geht es nicht um Zuckerbrot und Peitsche – um Strafe und Belohnung –, sondern es geht um Erfolg und Misserfolg.

Intrinsische Motivation gibt es bei freiberuflich und selbstständig Arbeitenden natürlich auch, sogar stärker als bei abhängig Beschäftigten. Aber hier kommt noch etwas hinzu: Wer selbständig ist, muss immer darauf achten, die fachliche Qualität der Arbeit nicht zu übertreiben. Denn wer zu viel Aufwand in ein Produkt oder eine Dienstleistung steckt, riskiert, das Investierte hinterher am Markt nicht wiederzubekommen, riskiert also, sich durch zu viel Qualität zu ruinieren. Es entwickelt sich hier also ein doppelter Blick auf die eigene Arbeit, ein fachlicher und ein betriebswirtschaftlicher, dem eine Verdopplung der intrinsischen Motivation entspricht: einerseits die Motivation durch die fachliche Seite der eigenen Arbeit und andererseits die Motivation durch den unternehmerischen Erfolg.

Dass diese durch Erfolg und Misserfolg ausgelöste Leistungsdynamik sehr viel stärker ist als die durch Zuckerbrot und Peitsche hervorgerufene, kann man bei den so genannten Existenzgründern gut studieren – übrigens einer der merkwürdigsten Ausdrücke der letzten Jahre, denn man existiert ja schon, bevor man seine Existenz gegründet hat. Gemeint sind natürlich die Selbständigen, die nicht genügend Kapital haben, um sich selbständig zu machen, meist rund um die Uhr den größten Teil der Arbeit selber ausführen, auch wenn sie dabei wenig oder gar nichts verdienen. Das Beunruhigende ist, dass diese Menschen im Zweifel ihre eigene Gesundheit in die Bresche werfen, wenn es um die Vermeidung von Misserfolg oder um den eigenen unternehmerischen Erfolg geht. Für ein solches selbstgefährdendes Verhalten, das vom unternehmerischen Interesse getragen ist, habe ich den Ausdruck „interessierte Selbstgefährdung" vorgeschlagen.

Bisher war dieses selbstgefährdende Verhalten nur charakteristisch für Selbständige. Ich vertrete die These, dass genau dieser Typ von selbstgefährdendem Verhalten sich heutzutage auf breiter Front auch bei abhängig Beschäftigten verbreitet.

Das alte und das neue Steuerungssystem

Die Frage, auf die ich zugesteuert bin, ist eine der schwierigsten, die man in diesem Zusammenhang stellen kann: Wie kann man die Leistungsdynamik von Erfolg und Misserfolg in einem abhängigen Beschäftigungsverhältnis reproduzieren? Es geht ja nicht darum, die Menschen jetzt alle zu selbständigen Unternehmern im rechtlichen Sinne zu machen, sondern selbständiges Unternehmertum mit einer abhängigen Beschäftigung zu verbinden. Das stellt unser eigenes Denken vor eine enorme Herausforderung. Was meinen wir eigentlich mit Selbständigkeit, was meinen wir, wenn wir Autonomie sagen?

Die Problematik, die ich hier sehe, ist, dass diese Begriffe bereits geprägt sind durch den Gegenstand, den wir damit zu erfassen versuchen. Diesen komplizierten Sachverhalt versuche ich im betrieblichen Alltag kommunizierbar zu machen mit einem Modell, das von einer ganz einfachen Führungs- oder Steuerungssituation ausgeht:

An einem Punkt A steht ein Weisungsbefugter hinter einem weisungsgebundenen Arbeitnehmer. (An den Begriffen „weisungsbefugt" und „weisungsgebunden" erkennt man übrigens gut, welche Mühe aufgewandt wurde, um nicht auszusprechen, um was es eigentlich geht, nämlich um Befehl und Gehorsam. Diese Systeme funktionieren besser, wenn man ihr Funktionsprinzip nicht beim Namen nennt.) Eine funktionierende Steuerungssituation hat man, wenn folgendes gelingt: Der Weisungsbefugte, der Kommandant, will, dass sein Untergebener sich von Punkt A zu Punkt B bewegt. Um das zu bewirken, spricht er eine Weisung, einen Befehl, aus, und der Arbeitgeber tut, was ihm befohlen wird, er gehorcht. Die kritische Stelle der Versuchsanordnung besteht darin, dass der, der gehorchen soll, ein Mensch ist, denn das bedeutet, dass er „nein" sagen kann. Er könnte auch sagen: „Geh doch selber zu Punkt B" oder: „Du kannst mich morgen noch mal fragen, aber heute eher nicht." Wenn der Kommandant darauf keine Antwort hat, sondern nur mit den Schultern zuckt, und sagt: „Schade, hat nicht funktioniert, da muss ich mir jemanden anderen suchen", dann hat er keinen Befehl gegeben, sondern nur einen Wunsch oder eine Bitte geäußert. Bitten sind natürlich etwas Schöneres als Befehle. Sie haben aber den Nachteil, dass sie das Organisationsproblem nicht lösen, denn mit Bitten kann man ein Unternehmen nicht steuern. Das wirft die Frage auf, was den Befehl von einer Bitte unterscheidet? Die Antwort ist weniger freundlich und heißt: die Strafandrohung! Der Kommandant ist bewaffnet. Ich spreche daher vom „Modell Pistole". Die Strafandrohung erreicht etwas, was in diesem Fall unverzichtbar ist: Diejenigen, die den Befehl bekommen, sollen im Zweifel nicht tun, was sie selber wollen, sondern was ein Anderer will, d.h. sie sollen ihren Willen unterordnen und sich diszipliniert verhalten.

In diese Modellsituation müsste nun als nächstes das „Zuckerbrot" eingebaut werden. Das würde aber hier zu viel Zeit kosten. Ich stelle daher den Übergang vom alten zum neuen Steuerungssystem nur für die negative Seite dar: für das, was droht. In der Praxis darf das, was winkt aber nicht fehlen; es sollte nach Möglichkeit sogar ein größeres Gewicht haben als das, was droht.

Der Übergang spielt sich ungefähr folgendermaßen ab: Eines schönen Tages wirft der Kommandant seine Pistole weg und sagt: „Ich tue jetzt etwas vollkommen Neues. Es wird euch, liebe Mitarbeiter und Mitarbeiterinnen, zwar verwundern, ich tue es aber trotzdem: Ich vertraue Euch!" Das Wort „Vertrauen" hat im Mund der Arbeitgeber in letzter Zeit eine ungeheure Bedeutung gekommen. Eigentlich ist es ja etwas sehr Positives, wenn in einem Unternehmen Vertrauen herrscht. Doch scheint die Tatsache, dass man so viel davon redet, ein Zeichen dafür zu sein, dass es viel zu wenig davon gibt. Vor allem aber lässt es eine Frage unbeantwortet: Auch in Zukunft wird es gelegentlich darum gehen, jemanden dazu zu bringen, von Punkt A nach Punkt B zu gehen. Wie gelingt das mit nichts als Vertrauen? Warum bleibt das Unternehmen steuerbar, trotz Vertrauenskultur? Das ist die Hauptfrage, und die Antwort darauf heißt: Man wirft die Pistole nicht ersatzlos weg, sondern besorgt sich ein neues Utensil: ein Krokodil! Jetzt kommt der Punkt, an dem es mit dem „Selber-Denken" ernst wird: Man setzt das Krokodil hinter den abhängig Beschäftigten an Punkt A und richtet alle Rahmenbedingungen so ein, dass er sich nur in Sicherheit bringen kann, wenn er zu Punkt B geht. Wenn in dieser Weise über die Rahmenbedingungen gesteuert wird, sprechen wir von indirekter Steuerung.

Man wird fragen, worin sich denn die Folgen einer Weigerung nach Punkt B zu gehen unterscheiden. Das eine Mal wird man erschossen, das andere Mal gefressen, aber in jedem Fall ist man tot. Man wird aus dieser Perspektive einwenden, es handle sich beim Krokodil nur um eine raffiniertere Form von Pistole, nämlich eine bloße Verfeinerung des alten Kommandosystems, und keineswegs um etwas Neues.

Der Hauptgedanke, den ich in diesem Zusammenhang zu transportieren versuche, heißt: Doch, es ist etwas völlig Neues! Wenn es uns vorkommt, als handle es sich nur um eine Weiterentwicklung des bisherigen Systems, so ist das der Tatsache geschuldet, dass unser Denken in der Logik von Zuckerbrot und Peitsche gefangen ist, während in den Unternehmen längst ein neues Spiel gespielt wird. Die falsche Interpretation der neuen Steuerungsformen ist eine Funktion der alten Steuerungsformen. Daher müssen wir unsere Denkgewohnheiten und Denkformen einer Bearbeitung unterziehen und aus der Logik des alten Systems ausbrechen, um zu verstehen, was an dem Neuen neu ist.

Hier sind vier Beispiele, die die Unterschiede zwischen dem Modell Pistole und dem Modell Krokodil verdeutlichen und beim Ausbrechen aus der alten Logik helfen können:

1. Im Modell Krokodil läuft der Arbeitnehmer schneller. Man muss ihm dazu nicht den Unterschied zwischen den Systemen erklären. Er muss nur das Krokodil sehen, dann läuft er schon los. Wenn gerade kein Krokodil da ist, und

er Zeit hat, darüber nachzudenken, wird er sich fragen, warum das so ist? Er kann sich sagen: „Die Bedrohung durch das Krokodil ist eine ganz andere als durch den Kommandanten mit der Pistole. Der Kommandant mit der Pistole will mich ja nicht bestrafen. Er will, dass ich zu Punkt B gehe. Wenn er mich bestrafen muss, ist es für mich schlecht, aber für ihn ist es auch nicht gut. Disziplinarmaßnahmen sind Friktionen im Betriebsablauf, mit denen man kein Geld verdienen kann. Alle haben daher ein Interesse daran, das zu vermeiden. Kommandosysteme entwickeln deswegen immer komplizierte Vorwarnsysteme, um den Eintritt des Schlimmsten zu vermeiden. Ich kann also mit der Zögerlichkeit des Kommandanten bei der Anwendung von Disziplinarmaßnahmen rechnen und meine Geschwindigkeit an die Bedrohungslage anpassen. Ganz anders präsentiert sich die Situation im Modell Krokodil. Das Krokodil hat Hunger. Wenn ich den Punkt B erreicht habe, bin ich in Sicherheit, und das Krokodil bleibt hungrig. Das Krokodil versucht zu verhindern, dass ich den Punkt B erreiche. Das hat die Konsequenz, dass ich in diesem System selber zu Punkt B will."

Das alles Verändernde besteht darin, dass der eigene Wille der abhängig Beschäftigten hier für die Organisation des Unternehmens funktionalisiert wird. Es geht nicht länger um die Unterordnung des eigenen Willens, sondern um Indienstnahme des eigenen Willens.

Das wird beim zweiten Beispiel vielleicht noch deutlicher: Dieses Mal ist eine Arbeitnehmerin unterwegs von Punkt A zu Punkt B. Plötzlich taucht vor ihr eine fünf Meter hohe Wand auf. Was passiert im Modell Pistole? Im Modell Pistole kann sie sich kritische Fragen stellen: „Steht es in meinem Arbeitsvertrag, dass ich über fünf Meter hohe Wände steigen muss? Bin ich dafür ausreichend qualifiziert? Ist das überhaupt zumutbar?" Wenn die Weisungsgebundene alle drei Fragen mit einem schallenden „Nein" beantwortet, bricht für sie eine feierliche Stunde an: Sie kann nämlich Weisungskritik üben. Sie kann zurückgehen zum Kommandanten und sagen: „Alles was recht ist, ich würde mich ja deinem Direktionsrecht unterwerfen, aber dieser Befehl ist nicht ausführbar, gib mir einen neuen." Aber was passiert, wenn das Krokodil hinter ihr her ist? Am Arbeitsvertrag hat sich nichts geändert, aber mit dem Krokodil hat sie keinen Vertrag. Vielleicht kann sie mit dem Krokodil verhandeln nach dem Motto: „Die Strecke ist sehr ungünstig, lasst uns doch woanders lang laufen." Aber das Krokodil freut sich, dass da eine fünf Meter hohe Wand auftaucht, und sein Opfer nicht mehr entweichen kann. Für die Arbeitnehmerin geht es um Leben und Tod, es geht darum, ihre Haut zu retten oder – dem Arbeitsalltag angemessener formuliert – es geht um Erfolg und Misserfolg und nicht mehr um die pünktliche Befolgung einer Anweisung.

Im dritten Beispiel bewegt sich ein Arbeitnehmer von Punkt A auf Punkt B zu. Kurz bevor er bei Punkt B ankommt, ist die Arbeitszeit zu Ende. Im Modell Pistole ist das ein besonderer Augenblick, weil in diesem Moment die Weisungsbefugnis des Weisungsbefugten aufhört. Der Arbeitnehmer kann nun wieder tun, was er selber tun will. Vielleicht interessiert ihn Punkt B gar nicht besonders, er verschiebt den Weg auf morgen und geht lieber in eine andere Richtung. Es ist schließlich seine Freizeit. Was passiert, wenn das Krokodil hinter ihm her ist? Dann tritt die Frage, wo er jetzt eigentlich gern hinginge, in den Hintergrund, denn er schwebt in Lebensgefahr. Sein erstes Ziel ist es, den rettenden Punkt B zu erreichen. Also beginnt für den Arbeitnehmer etwas, was im System Pistole eher untypisch war: Er arbeitet aus eigenem Antrieb länger als die Arbeitszeit dauert. Er leistet unbezahlte Mehrarbeit. Das Interessante dabei ist, dass er dabei nicht durch Lob und Belohnung motiviert wird, sondern durch das eigene Interesse am Erfolg.

Im vierten und letzten Beispiel taucht, als der Arbeitnehmer auf dem Weg von Punkt A zu Punkt B ist, plötzlich vor ihm ein Betriebsrat auf, macht ihn darauf aufmerksam, dass die Arbeitszeit längst abgelaufen sei, dass er keine unbezahlte Mehrarbeit leisten, sondern nachhause gehen solle. Im Modell Pistole hört der Betriebsrat dann lobende Worte: „Schön, dass Du mich daran erinnerst, dafür habe ich Dich gewählt." Vielleicht wird noch ein Einwand erhoben: „Ja, Du hast ja recht, aber wenn ich jetzt tatsächlich nachhause gehe, ist morgen der Kommandant böse." In diesem Augenblick läuft der Betriebsrat zu seiner ganzen Größe auf und sagt: „Lass das meine Sorge sein, Du kannst schon mal nachhause gehen. Auch ich bin bewaffnet. An meinem Gürtel hängen mehrere Gesetzesbücher, ich stelle mich zwischen die Pistole und ihr Ziel. Wenn der Kommandant außerhalb der Arbeitszeit etwas von Dir will, missbraucht er seine Weisungsbefugnis, und daran kann ich ihn hindern – notfalls vor Gericht. Vielleicht kann ich ihn auch in ein Gespräch über die Personalbemessung verwickeln oder über die Beantragung von Überstunden."

Was passiert, wenn das Krokodil unterwegs ist? Dass der Hinweis auf die abgelaufene Arbeitszeit nicht mehr unmittelbar problemlösend wirkt, zeigte das vorherige Beispiel. Jetzt kommt aber noch etwas hinzu. Wenn nämlich dieser Arbeitnehmer das rettende Ufer erreichen will, dann muss er auch noch am Betriebsrat vorbei. Wenn der Betriebsrat hartnäckig ist, und dazu hat er eigentlich allen Grund, weil alles was er sagt, richtig ist, dann entsteht ein Konflikt. Aber nicht zwischen dem Betriebsrat und dem Kommandanten, sondern zwischen dem Betriebsrat und demjenigen, dessen Interessen der Betriebsrat gerade wahrnehmen will. Das bedeutet: Aufgrund eines neuen Organisationsprinzips in den Unternehmen entstehen neue betriebspolitische Konflikt- und Konfrontationslinien.

Und aus diesem Grunde ist es mir so wichtig aufzuzeigen, dass das neue System keine Perfektionierung des alten, sondern ein neues Spiel ist. Hier werden neue Spielregeln in Unternehmen eingeführt, die unter anderem die unangenehme Eigenschaft haben, dass sie die Institutionen zur Wahrnehmung von Arbeitnehmerinteressen tendenziell erodieren lassen, da alle Institutionen, die wir haben, auf das Kommandosystem zugeschnitten sind. Das gilt nicht nur für Betriebsratsarbeit. Es gilt genauso für die Fürsorgepflicht des Arbeitsgebers, für Gesundheitsbeauftragte oder für Führungskräfte, die sich verantwortlich fühlen für das Wohl ihrer Mitarbeiter und Mitarbeiterinnen. Allgemein gilt: Diejenigen, die etwas tun wollen im Interesse der Beschäftigten, treffen auf den Widerstand der Beschäftigten selbst. In dem Moment, wo die Beschäftigten von sich aus ein Interesse haben, sich zu gefährden, ihre eigenen Rechte und Regelungen, die zu ihrem Wohl eingerichtet oder erkämpft worden sind, zu ignorieren, entsteht eine Situation, auf die wir nicht vorbereitet sind.

Ein Beispiel

Am Beispiel eines realen Falles lässt sich gut verdeutlichen, warum der Wechsel der Steuerungssysteme mit einer strukturell bedingten Zunahme psychischer Belastungen verbunden ist: Es ging um einen auf die fünfzig zugehenden Kollegen, bei dem gesundheitliche Probleme auftraten, die er nicht in den Griff bekam. Zugleich wuchs seine Angst, dem Leistungsdruck an seinem Arbeitsplatz nicht mehr gerecht zu werden. Das hat sich zu einer Panik hochgeschaukelt, und schließlich vertraute er dem Betriebsrat sein Problem an. Man erkannte schnell, dass dieser Mann ohne Ende arbeitete, Arbeit mit nachhause nahm, sich abends und am Wochenende daran setzte und seinen Urlaub verfallen ließ – sich also überhaupt nicht mehr erholte. Als er darüber nachdachte, warum er so handelte, schockierte ihn das Ergebnis. Er erkannte nämlich, dass niemand ihn unter Druck gesetzt, niemand diese viele Arbeit von ihm verlangt hatte, sondern dass er alles freiwillig machte. Daraus schöpfte er Mut und sagte sich: „Wenn ich das freiwillig mache, kann ich das auch freiwillig beenden. Morgen ist Schluss mit dem Unsinn, ich werde mich an die Arbeitszeit halten." An diesem Punkt erlebt man den interessanten Fall eines Arbeitnehmers, der sein Problem erkannt hat, sich an seine Rechte erinnert und einen vernünftigen Entschluss fasst. Aber bis hier ist die Rechnung ohne das Krokodil gemacht.

Er teilte nämlich diesen Entschluss seinen Kollegen und Kolleginnen mit. Damit wurde der Fall noch interessanter. Denn diese haben nicht etwa Druck ausgeübt, wie das in solchen Fällen sehr häufig passiert, sie haben nicht gesagt: „Wir können es uns nicht leisten, dass Du Dich an die Arbeitszeiten hältst." Sie haben solidarisch reagiert: „Wie gut, dass Du das ansprichst, Mach es so, wie Du es beschlossen hast. Du hast unsere volle Unterstützung." Aber dann haben sie einen kleinen Nachsatz angefügt, der den Unterschied vom alten zum neuen System markiert: „Wir machen Deine Arbeit dann mit.“ Damit sind wir im neuen System. Auch im alten System war nicht immer alles getan, wenn die Arbeitszeit vorbei war, aber die Arbeit, die liegen blieb, blieb beim Kommandanten liegen. Wenn das Krokodil unterwegs ist, bleibt die Arbeit bei den Leuten selber liegen. Was ist nun geschehen? Eine Woche lang hat sich der Mann an seinen guten Vorsatz gehalten, rechtzeitig nachhause zu gehen. Er hat dabei aber ein schlechtes Gewissen bekommen gegenüber seinen Kolleginnen und Kollegen, die nun seinetwegen länger arbeiten mussten. Eine für solche Situationen typische Eigendynamik setzt ein, der Kampf zwischen dem Wunsch, sich um die eigene Gesundheit zu kümmern und dem Wunsch, das schlechte Gewissen loszuwerden. Letzterer gewinnt regelmäßig. Nach einer Woche arbeitete dieser Mann wieder genau so viel und so lange wie vorher.

Schlussbemerkungen

Wenn sich in der alten Organisationsform die Konflikte zwischen verschiedenen Menschen, zwischen den Beschäftigten und den Kommandanten, abspielten, laufen sie heute zusätzlich im Kopf der einzelnen Individuen ab – in der Zerrissenheit in sich selbst. Das ist – so meine These – die Auswirkung der neuen Steuerungsformen durch die neue Selbständigkeit abhängig Beschäftigter.

Ein weiterer Aspekt sei hier noch kurz erwähnt: Es wird immer wichtiger, zwischen Erfolg und Leistung zu unterscheiden. Erfolg und Leistung sind nicht dasselbe. Ich lege deswegen so großen Wert darauf, weil in vielen Unternehmen von Leistung die Rede ist, wenn Erfolg gemeint ist. Selbständige kennen den Unterschied sehr gut, oft leisten sie bis zu Erschöpfung, und der Erfolg bleibt trotzdem aus. Wenn heute etwa von leistungsabhängiger Bezahlung geredet wird, so ist meistens erfolgsabhängige Bezahlung gemeint. Im Mittelpunkt steht, dass man erreichte Ergebnisse vorweisen muss. Die Ergebnisse entsprechen aber nicht unmittelbar der Leistung, die dahinter steckt. Das bringt für die Betroffenen möglicherweise schmerzliche Erfahrungen mit sich, wenn nämlich das, was sie eigentlich geleistet haben, nicht gewürdigt wird, weil es sich nicht in einem Erfolg niederschlägt. Sie haben unter Umständen mehr gearbeitet als je zuvor, rangieren aber in einem unternehmensinternen Benchmarking trotzdem auf der letzten Stelle.

Auswege? Wenn man sich die neuartigen Risiken und Kompliziertheiten der indirekten Steuerung vor Augen führt, kann es leicht so aussehen, als ob der richtige Ausweg der Weg zurück sei: Zurück ins „gute alte Kommandosystem“. In der Tat hört man immer wieder kritische Bemerkungen zur neuen Arbeitswelt, die vergangene Zustände in ein beinahe romantisches Licht rücken. Vor einer solchen Perspektive möchte ich nachdrücklich warnen. Wenn das System von Zuckerbrot und Peitsche auf der Müllhalde der Weltgeschichte verschwindet, so ist das gut und nicht schlecht. Eben diesem System haben wir aber die Illusion zu verdanken, dass eine reale Zunahme an Selbständigkeit und Freiheit automatisch zu einer Verbesserung und Vereinfachung unseres Lebens führen würde. Das Gegenteil ist der Fall. Automatisch geschieht das nicht. Mit der Selbständigkeit und Freiheit nehmen die Probleme zu und nicht ab (man muss sich nur das Erwachsenwerden von Kindern vor Augen halten). Aber das spricht nicht gegen Selbständigkeit und Freiheit (oder gegen das Erwachsenwerden). Die unbequeme Wahrheit ist: Wir brauchen neue Antworten auf neue Fragen, und wir haben sie noch nicht.

In dieser Situation kommt alles drauf an, dass wir praktisch in die Bearbeitung der Probleme einsteigen. Dafür bringe ich zwei Vorschläge mit. Den ersten hatte ich schon genannt: Nur wenn das Selber-Nachdenken über die Mechanismen der neuen Steuerungsformen und ihren Zusammenhang mit psychischen Belastungen gefördert wird, kann es gelingen, die aus dem „Modell Krokodil" resultierenden psychischen Belastungen zu erkennen, Orientierung zurück zu gewinnen und die Probleme überhaupt erst bearbeitbar zu machen.

Meine zweite Empfehlung lautet: Mehr miteinander zu reden – und zwar über sich selbst und das, was die indirekte Steuerung an uns und unserem sozialen Miteinander im Betrieb verändert. Die indirekte Steuerung (Krokodil) führt z.B. häufig dazu, dass die Kommunikation unter den Menschen im Unternehmen vor die Hunde geht. Es wird immer schwieriger, offen zuzugeben, dass man Probleme, dass man Schwächen und dass man Angst hat. In vielen Unternehmen kursiert der Spruch: „Wer ein Problem hat, ist ein Problem." Die Kolleginnen und Kollegen spüren instinktiv, dass sie sich gefährden, wenn sie die Wahrheit sagen. Auf Fragen nach dem Stand ihres Projekts geben sie eine Erfolgsmeldung ab. Man selber gibt auch eine Erfolgsmeldung ab, weiß aber, dass sie nicht stimmt und vielleicht morgen schon auffliegt. Das heißt: Man ist von lauter Menschen umgeben, die keine Probleme haben, weiß aber von sich selber, dass man welche hat. Somit wird die indirekte Steuerung als Beweis des individuellen Versagens, der eigenen Unzulänglichkeit erlebt. Wir brauchen also eine offene Kommunikation über die Auswirkungen der indirekten Steuerung auf die Menschen im Unternehmen, wenn wir solche krankmachenden Eigendynamiken unterbrechen und umkehren wollen.

Katja Kullmann

Schick, schlau, abgebrannt

Der freie *Kreative* ist der Idealtypus in der neuen Erwerbswelt. Sein sympathisches, gebildetes, weltoffenes Image wirkt verführerisch – und ist oft doch nur Tarnung für Selbstausbeutung, Tagelöhnerei, Existenzangst und erste Ansätze von Armut.

Fast jeder hat ein Bild von ihnen – von den jungen, bunten Leuten, die vor verrückten Ideen übersprudeln und denen angeblich die Zukunft gehört. Manche glauben, dass man sie an ihren großen Brillen und am Milchkaffee identifizieren kann. Fast jeder kennt auch die „angesagten Viertel", in denen sie sich bewegen, und in denen die Mieten irre schnell steigen, in denen es kaum noch Metzgereien oder Schraubenläden gibt, dafür Filz-Design-Shops und Trend-Cafés. Dort sitzen die jungen, bunten Leute mit ihren Laptops herum und schicken einen brandheißen Entwurf nach dem nächsten ins Netz. Sie sind agil, modisch, abenteuerlustig und irgendwie sympathisch. Vor allem sind sie: *kreativ.*

Der freischaffende und bewegliche *Kreative* ist der Idealtypus des modernen erwerbstätigen Menschen. Keinen Arbeitgeber belästigt er mit seiner Daueranwesenheit. Keine Ansprüche an Kranken-, Urlaubs- oder gar Weihnachtsgeld stellt er. Keinen kostbaren Resopal-Schreibtisch belegt er, keinen Büroflur verstopft er, in keine Kantinenschlange reiht er sich ein. Und falls er doch mal eine Stechuhr aus der Nähe sieht, in irgendeiner idyllischen Fabrik-Ruine, weiß er nicht, wie man die bedient. Stattdessen fotografiert er die Stechuhr als ulkiges Ding aus einer längst vergangenen Zeit, bearbeitet das Foto mit einem nostalgischen Gelbstich und postet es in seinem Blog.

„Die Kreativwirtschaft ist das Leitbild der Industrie von morgen", hieß es in den nuller Jahren auf der Homepage des Bundeswirtschaftsministeriums, noch bis ins Jahr 2011. Jetzt ist der Slogan gelöscht, jetzt steht da nur noch „Wirtschaft. Wachstum. Wohlstand". Längst ist der Imperativ zur eigenverantwortlichen *kreativen* Erwerbsgestaltung voll verinnerlicht: jeder ein Talent auf eigene Rechnung und Geheiß! Gute Laune ist Pflicht, „Allzeit bereit" muss rund um die Uhr signalisiert werden – alles andere wäre der sichere Untergang im Überlebenskampf um Honorare und „Impression Management", um Aufträge und Aufmerksamkeit.

Über 4,14 Millionen Solo-Selbstständige, auch Freelancer genannt, gibt es in Deutschland. Zwischen 1998 und 2008 hat ihre Zahl um 40 Prozent

zugenommen, meldet das Statistische Bundesamt. Einen „sprunghaften Anstieg" gab es demnach zwischen 2002 und 2005, in den Jahren, in denen die
Hartz-Gesetze in Kraft traten und damit auch die Aufweichung des Arbeits-
rechts. Es waren genau die Jahre, in denen etliche *Kreativ*-Unternehmen dazu
übergingen, feste Stellen in „fest-freie" oder „frei-freie" Jobs umzuwandeln.
Viele Medien-Redaktionen verfügen heute nur noch über stark ausgedünn-
te Stammbelegschaften; sie werden überwiegend von freien Mitarbeitern mit
Reportagen und Interviews bestückt – wobei die Honorare im Vergleich zu
vor zehn Jahren oft deutlich gesunken sind. „Wir werden immer Journalisten
finden, die es billiger machen", lautet das fast schon legendäre Zitat des Chef-
redakteurs der Hessisch/Niedersächsischen Allgemeinen, Horst Seidenfaden,
aus dem Jahr 2010. Ganz unverstellt wird die Erpressung freier Zulieferer hier
als plausibles Geschäftsmodell geschildert.

So kommt es, dass die Unternehmen der *Kreativwirtschaft* – Verlage, Sen-
der und Theater, Software-Schmieden und Werbe-Agenturen – zwar schon
mehr erwirtschaften als etwa die Landwirtschaft oder die chemische Industrie,
dass viele freie Zuarbeiter sich aber kaum über Wasser halten können. Nach
Angaben der Künstlersozialkasse verdienen freie Gestalter, Programmierer und
Autoren im Schnitt zwischen 12.000 und 15.000 Euro – jährlich. Rund 1,3 Millionen so genannte Aufstocker gibt es im Land. Working Poor ist der klassische,
amerikanische Begriff dafür, Prekariat der europäische neue.

Zehntausende einst hoffnungsvoll gestarteter Freelancer sind über die Jahre
zu traurigen Tagelöhnern und Wanderarbeitern geworden. Sie gehören zu denjenigen, die heute, im 21. Jahrhundert, oft unter Bedingungen arbeiten, wie sie
aus dem 19. Jahrhundert überliefert sind. Längst haben die *kreativen* Prekären
viel mehr gemein mit den Supermarkt-Regal-Einräumern, den Security-Bären
und Fensterputzern, über die sie mitfühlende Sozialreportagen schreiben oder
deprimierende Reality-Dokus drehen, als mit den Agentur-Chefs und Etat-Be-
willigern, von denen sie sich Aufträge erhoffen und ein bisschen Honorar. Doch
passt diese Erkenntnis (noch) nicht in ihr Selbstbild: Dass die Armut längst an
die Türen ihrer schicken Schaufensterladenbüros klopft. Wer die Codes kennt,
kann sich auch mit Second-Hand-Möbeln flott einrichten, der findet auch im
Rot-Kreuz-Shop Polyesterblusen, die wie seltene Designer-Stücke wirken.

Schade, dass die tiptop ausgebildeten *Kreativen* so viel Energie in ihre vermeintlich individuellen Existenzkämpfe und in ihr Status-Mimikry investieren
(müssen). Sie könnten ihr Knowhow auch dazu nutzen, sich mit ihren prekären
Kollegen aus dem Reinigungs-, dem Transport-, dem Pflege- und dem Klinik-
wesen zusammenzuschließen und gemeinsam mit jenen ein paar revolutionär
kreative Ideen für faires Wirtschaften entwickeln.

Dieser Beitrag erschien auch im Magazin ROSALUX, 4/2012

Clara Schlichtenberger

Jedem sein Krokodil

Talkrunde 1, moderiert von Ursula Weidenfeld,
mit Katja Kullmann, Klaus Peters und Franz Schultheis

Die Moderatorin Ursula Weidenfeld wandte sich an Katja Kullmann mit der
Frage, wie denn ihr persönliches „Krokodil" aussähe (das „Krokodil" be-
zieht sich auf das im Beitrag von Klaus Peters skizzierte Modell der subtilen
Kontrollmechanismen der neuen Steuerungsformen, s. auch am Ende dieser
Zusammenfassung). Katja Kullmann antwortete, das seien z.b. das Hono-
rar- und Lohndumping in der Kreativwirtschaft. Man erreiche heute als freie
Journalistin ungefähr noch 60 Prozent der Honorarhöhe, die in den Neunzi-
gern üblich gewesen sei und das bei zunehmender Konkurrenz und weniger
Veröffentlichungsmöglichkeiten. Das stelle auch eine Ausbildungsentwer-
tung des Berufsbildes von Journalisten dar. Kullman schilderte im Weiteren
ihre berufliche Karriere als Journalistin und deren Einbrüche bis hin zu ihrer
Zeit als „Aufstockerin" (s. Hartz IV Gesetzgebung) über 10 Monate, die sie
ihren Auftraggebern verheimlicht habe. Bei ihrem nächsten festen Engagement als Ressortleiterin wäre es dann ihre Aufgabe gewesen, die Hälfte der
Seiten des Magazins mit unbezahlten Praktikantenarbeiten zu füllen. Sie
hätte dann diese Stelle aufgegeben, als sie sich genötigt sah, allen Kollegen
zu kündigen, um sie als „Freie" wieder zu engagieren (natürlich unter geän-
derten Konditionen). Freie Mitarbeiter und Mitarbeiterinnen benenne sie als
das, was sie seien: Taglöhner.

Weidenfeld wandte sich mit der Frage an Franz Schultheis, ob die Berufs-
biografie von Kullmann aus seiner Sicht eher typisch oder als ein Phänomen
der Übergangszeit zu werten sei. Schultheis antwortete, dass dies eine sehr typische Biografie für Kreativberufler sei, aber es sei sehr untypisch, wie reflexiv
Frau Kullmann damit umginge. Der freie Unternehmer werde zum eigenen
„Krokodil" und laufe damit sich selbst hinterher, weil die Prekarität enorm sei.
Das symbolische Kapital, die Anerkennung, sei unwahrscheinlich anziehend in
einer Zeit, in der unsere Form der Individualisierung immer weitere Blüten trei-
be. Es scheine den Betroffenen so, dass es sich doch „irgendwie" für sie lohne.
Die Phänomen des sich berufsbiografischen „Durchwurschtelns" sei bei den
jüngeren Generationen vollkommen normal, aber die Älteren wüssten noch

was sie verloren hätten. Im Übrigen glaube er auch nicht an einen Mentalitätswandel, da die Probleme in der Arbeitswelt nicht wirklich angepackt würden. Dazu bräuchte es wieder Formen der Solidarisierung und neue soziale Bewegungen, die sich in Gang setzten.

Auch Klaus Peters stimmte Kullmann zu, dass es eine Repolitisierung brauche. Kullman fragte im Gegenzug, ob er Möglichkeiten sehe, wie „alte" Institutionen wie die der Betriebsräte wieder interessanter werden könnten. Peters sah eine neue Chance für Betriebsräte, wenn sie nicht weiter bevormundend als zusätzliche „Betriebspolizei" agieren würden. Sonst erodiere die machtpolitische Basis von Mitbestimmung und Betriebsverfassung. Jeder Einzelne müsse sich mit dem Druck der inszenierten Selbständigkeit auseinandersetzen. Das von ihm in seinem Vortrag als „Krokodil" bezeichnete Modell der Selbstkontrolle, sei eine Bedrohung, die kaum in Zusammenhang stehe mit fehlender Leistung und Fachkompetenz. Es führe zu dem was er „interessierte Selbstgefährdung" nenne: jenes selbstgefährdende Verhalten – z.b. durch „Krankheitsverleugnung" am Arbeitsplatz –, das ausgelöst wird von dem Bestreben, Misserfolg zu vermeiden und Erfolg zu haben.

Cornelia Koppetsch

Die verunsicherte Mitte

Vom Fahrstuhl zur Wagenburg

Im öffentlichen Diskurs ist seit einigen Jahren von der Gefährdung der Mittelschicht die Rede. Wachsende Ungleichheiten, der Abbau wohlfahrtsstaatlicher Leistungen und eben auch die Prekarisierung von Arbeitsplätzen, haben bei der Mehrheit der Deutschen zu dem Empfinden beigetragen, dass die Risiken zunehmen und die Zukunft weniger kalkulierbar sei. Die Rede von der „schrumpfenden Mittelschicht" in den Medien und in der Öffentlichkeit trifft auf große Resonanz. Dieser Diskurs hat mit dem Zusammenbruch der Finanzmärkte im September 2008 einen Höhepunkt erreicht. Hier zeigten sich die Abgründe eines durch Finanzmärkte gesteuerten Kapitalismus. Offenbar wurden aberwitzige Renditeforderungen von Investmentbanken und Vorständen und gigantische Spekulationsgewinne. Die fetischisierte Vorstellung, Geldkapital könnte sich in Gestalt von Wertpapieren abgelöst von der Realwirtschaft vermehren, erzeugte Blasen, und deren Platzen führte zu Dominoeffekten in allen Volkswirtschaften.

1. Wer hat Schuld an der Krise?

Nur dank staatlicher Rettungsmaßnahmen konnte eine tiefgreifende Systemkrise vorläufig verhindert werden. Seitdem treten in nicht abreißender Folge immer neue Krisenszenarien zu Tage: Erst Griechenland, dann werden Spanien und Portugal von der Eurokrise heimgesucht. In der Öffentlichkeit wächst die Kritik am Finanzmarktkapitalimus, an der Unberechenbarkeit der Finanzmärkte und den enormen Einkünften von Bankern und Vorständen. Viele Menschen haben heute das Gefühl, in einem kleinen Boot, für dessen Steuerung sich partout keine Verantwortlichen finden lassen, auf hoher See zu sitzen.

Es scheint zunächst sehr einleuchtend, die „Globalisierung", vor allem die Akteure aus der Finanzwelt – wie z.b. Unternehmensvorstände, Ratingagenturen oder Investementbanker –, für aktuelle Krisenerscheinungen, z.b. für die wachsenden Ungleichheiten und Klassengegensätze, für den Abbau des

Wohlfahrtstaates und die Ausbeutung von Arbeitskräften verantwortlich zu machen (systemische Mechanismen oder mächtige Akteure). Dieser moderne Geldadel eignet sich gut als Projektionsfläche und Gegner in gesellschaftlichen Auseinandersetzungen. Es gilt als der der globale Investor, der sein Geld sofort zurückzieht, wenn das Risiko zu groß wird und dessen Einkommen nicht durch Arbeit, Risiko oder Investitionen, sondern durch spekulative Gewinne zustande kommt. Ob mit den Milliarden, die dabei verdient werden, gesellschaftlicher Nutzen entsteht, ist fraglich.

Doch ist dies nur die halbe Wahrheit. Fernab von den großen Bühnen der Finanzmärkte und der Wirtschaftspolitik, gewissermaßen in den ganz gewöhnlichen Alltagswelten, zeigt sich, dass der in Mittelschichtskreisen gern beklagte „Terror der Ökonomie" und die wachsenden Spaltungen in der Gesellschaft von ganz normalen Mittelstandsbürgern mitverursacht werden. Die Angehörigen der Mittelschicht sind unbeabsichtigt zu zentralen Akteuren einer Gesellschaftsordnung geworden, die sie eigentlich kritisieren und als deren Opfer sie sich fühlen. Dies geschieht paradoxerweise aus den sehr verständlichen und berechtigten Bemühungen heraus, Bedrohungen abzuwehren und den eigenen Status zu sichern. Interessanterweise ist es nun ausgerechnet das Interesse an einer stabilen Ordnung, das die Mittelschicht unfreiwillig zur Vollstreckerin problematischer Entwicklungen werden lässt.

Im Folgenden soll die aktive Rolle der Mittelschicht an problematischen gesellschaftlichen Entwicklungen zunächst an zwei Beispielen, am Beispiel des Bildungswettbewerbs und am Beispiel der Finanzmarktkrise, aufgezeigt werden. In beiden Fällen werden Mechanismen aktiviert, die als ungeplante Folgen des Handelns neue Strukturen schaffen. Die Mittelstandsbürger lösen durch ihr individuelles Handeln ungewollt Effekte auf den Finanzmärkten, wie auch in der Gesellschaft im Ganzen aus, deren unerwünschte Folgen nicht nur die anderen treffen, sondern auch sie selbst. Hier werden also diejenigen zu Akteuren einer neuen Gesellschaftsordnung, die sie negativ bis hin zur Selbstschädigung treffen. In einem weiteren Abschnitt soll auf Formen der sozialen Selbstbehauptung in unterschiedlichen Milieus eingegangen werden, die zur gesellschaftlichen Spaltung und zur Ausweitung von Wagenburgmentalitäten beigetragen haben.

2. Der Bumerang
Bildungswettlauf und Vermögensvorsorge

Betrachten wir zunächst die Aktivitäten rund um das Bildungsthema. Eltern sorgen sich um den richtigen Platz für ihr Kind im Bildungssystem. Privatschulen gelten dabei nicht mehr nur als Reservate für die Begüterten, sondern kommen schon für den gut verdienenden Mittelstand in Frage. Dahinter steht der Pisa-Schock, wonach sich das deutsche Schulsystem nicht nur als hoch selektiv, sondern für die Mehrheit der Kinder als wenig förderlich herausgestellt hat. Wer hingegen das öffentliche Schulsystem in Anspruch nimmt, fragt sich, was zu Hause getan werden muss, um die Schwächen der schulischen Bildung auszugleichen. Schließlich stellt sich für die Eltern die Frage, welche Rücklagen für Universitätsstudium und Auslandsaufenthalte zu bilden sind. Spezialisierte Bildungsfonds bei Bankinstituten und professionelle Studienberater bieten hier Unterstützung. Häufig werden die nicht unerheblichen Kosten für Privatschulen, Auslandsaufenthalte oder Exzellenzuniversitäten von den Großeltern übernommen. Es mehren sich zudem die „Helikopter-Eltern", die von Anfang an jeden Schritt in der Bildungsbiografie ihrer Kinder überwachen (Bude 2010).

Welche kollektive Schädigung erwächst daraus für die Beteiligten? Man kann das Phänomen mit den Begriffen der Bildungsökonomie von Fred Hirsch (1980) erklären. Bildung wird zu einem Positionsgut in den gesellschaftlichen Statuskämpfen. Ein Positionsgut verschafft Vorteile nur durch seine relative Exklusivität. Es kann niemals von allen besessen werden, sondern nur von wenigen. Nur wenn der Besuch von Privatschulen und Eliteuniversitäten auf wenige begrenzt bleibt, wird ihre Exklusivität erhalten. Darin steckt jedoch die Logik des Überbietungswettbewerbs, denn neue, höhere Bildungsabschlüsse stufen automatisch die Qualifikationen der anderen herab. Die Vorteile der einen sind die Nachteile der anderen. Dies ist ein ungewollter Effekt, bei dem Bildungszertifikate durch Bildungsexpansionen entwertet werden. So glauben zunehmend mehr Menschen, dass aufgrund der gestiegenen Anforderungen in den unterschiedlichen Berufen nur noch Abiturienten erfolgreich in diesen ausgebildet werden können. Damit wächst jedoch die Gefahr, dass für die Teilnehmer am Bildungswettbewerb lediglich die individuellen Bildungsausgaben, nicht aber die Erwerbschancen steigen (Bude 2010). Die höheren Bildungsaspirationen führen dann nicht mehr zu besseren Berufspositionen, sondern zu abnehmenden Prämien von Bildungsinvestitionen überhaupt. Die Hindernisse aber werden für alle erhöht.

Noch sichtbarer wird die aktive Rolle der Mittelschicht an problematischen Entwicklungen im Bereich der Vermögens- und Finanzvorsorge. Auch hier sind es Strategien der Sicherung, die, wenn sie massenhaft verfolgt werden, sich zu schädigenden Folgen aufhäufen. Viele Mittelschichtsbürger fragen sich, wie das eigene Vermögen oder das Ersparte optimal gesichert werden kann, denn schließlich soll es als Altersvorsorge dienen oder an die Kinder weitervererbt werden. In den letzten Jahren wurde, ausgelöst durch die Turbulenzen an den Finanzmärkten, die im kollektiven Gedächtnis der Deutschen so tief verankerte Angst vor Inflation und Vermögensverlust erneut entzündet. Die jüngsten

Eurokrisen um Griechenland, Zypern, Spanien und Portugal erschütterten den Glauben in die Geldwertstabilität zusätzlich. Hektisch werden Eigentumswohnungen und Inflationsanleihen erworben. Die Immobilienpreise explodieren und besonders versierte Anleger ziehen auch Silber, Gold und Platin als Wertaufbewahrungsspeicher in Betracht.

Die gegenwärtig angebrochene Ära des Finanzmarktkapitalismus wird also wesentlich auch durch die Mittelschicht getragen und schlägt auf ebendiese zurück. Christoph Deutschmann (2008) spricht hier von einem „kollektiven Buddenbrooks-Effekt". Finanzmarktkapitalismus bedeutet ja zunächst, dass sich die Finanzierung großer Unternehmen von den Kredite gebenden Banken auf Aktienbeteiligungen durch Fonds (auch Renten- und Immobilienfonds) verlagert hat. Unternehmen, die für ihre Geschäfte und ihre weitere Expansion zusätzliches Kapital benötigen, beschaffen sich dies nicht mehr als Kredit von ihrer Hausbank, sondern durch die Ausschüttung von Aktien.

Dieser Wandel in der Unternehmensfinanzierung wurde aber nur dadurch ermöglicht, dass weltweit zunehmend anlagebereites Kapital verfügbar geworden ist, dessen Eigentümer sich nicht mit den mageren Zinssätzen der Banken zufriedengeben, sondern in Aktien und spekulative Geldanlagen mit höheren Renditen investieren.

Die vermehrte Verfügbarkeit von Kapital hängt wiederum eng mit dem nachhaltigen Wachstum der Vermögen zusammen. Ohne den beträchtlichen intergenerationellen Aufstieg, wie ihn die Bundesrepublik und andere hochentwickelte Industrieländer nach dem Zweiten Weltkrieg erlebten, wäre dieses Wachstum der Vermögen nicht zustande gekommen. Dadurch stieg die Nachfrage nach neuen Anlagemöglichkeiten. Große Kriege und Krisen, die bis in die Mitte des 20. Jahrhunderts wiederholt zu einer beträchtlichen Vermögensvernichtung geführt hatten, blieben seitdem aus. Entsprechend nachhaltig sind die privaten Finanzvermögen gewachsen, nämlich seit den 1980er Jahren dreimal stärker als das aggregierte Sozialprodukt von 23 hochentwickelten OECD-Ländern. In den Worten von Christoph Deutschmann (2008): „Es ist ein chronischer Kapitalüberfluss, der auf Verwertung drängt."

Bei den Vermögensbesitzern handelt es sich meist um sozial Erfolgreiche (obere vier Einkommensdezile). Sie gehören den gehobenen und höchsten Einkommensklassen an, verfügen überproportional häufig über gehobene Bildungsabschlüsse und sind in privilegierten Berufen tätig. Vielfach handelt es sich um Personen, denen der Erfolg nicht in die Wiege gelegt wurde, sondern die ihn sich erarbeitet haben. Oft sind es soziale Aufsteiger, die beruflich und sozial eine weit höhere Position als ihre Eltern einnehmen.

Wie verhalten sich nun Personen, die zu Geldreichtum gekommen sind, welche Kalküle verfolgen sie? Rein theoretisch wäre denkbar, dass die Vermögenden mit ihrem Einkommen zufrieden sind, ihre Konsumausgaben erhöhen und Überschüsse spenden. Doch sind gerade in Deutschland die konsumtiven Verhaltensmuster eher nicht verbreitet. Vor allem die Gruppe der sozialen Aufsteiger verspürt nur geringe Neigung, finanzielle Überschüsse zu verausgaben. Gerade soziale Aufsteiger haben das Muster der aufgeschobenen Belohnung verinnerlicht und sind daher bestrebt, ihr Geld so einzusetzen, dass es ihrem weiteren Aufstieg und der Weitergabe ihres Status in der Generationsfolge dient.

Deshalb übertragen immer mehr Mittelschichtsbürger ihr Geld den Fondsgesellschaften, die bekanntlich höhere Renditen als das klassische Sparbuch bieten, und beteiligen sich so an der Aushöhlung des Wohlfahrtskapitalismus. Selbst im traditionell eher risikoabgeneigten Deutschland besitzen nach den aktuellen Zahlen des Deutschen Aktieninstituts[1] zurzeit 10,2 Millionen Deutsche Finanzvermögen (Aktien und Fondanteile).

Die Fondsgesellschaften sind das Bindeglied zwischen den Geldanlagen der Bürger und der neoliberalen Unternehmenspolitik. Um die Renditen im Sinne der Anteilseigner (Mittelstandsbürger) zu steigern, erhöhen sie den Druck auf die Unternehmen, Arbeitsplätze zu reduzieren und Löhne zu kürzen. Falls die Unternehmen die vereinbarten Renditeziele nicht erfüllen, werden sie verkauft oder geschlossen. Das führt häufig zu kurzfristigen Gewinnorientierungen des Managements. Langfristig rentable Innovationsprojekte und Investitionen werden vernachlässigt. Gewinne resultieren dann nicht länger aus Wachstum (Produktivitätssteigerung), sondern kommen durch Umverteilung zu Lasten von Löhnen, Gehältern, Steuerung und Sozialleistungen zustande. Im Klartext: Das in Aktien investierte Vermögen der Mittelschicht führt zur Prekarisierung von Arbeit und Arbeitnehmern und damit zur Aushöhlung der Mittelschicht selbst.

Zudem entsteht durch das Wachstum der anlagesuchenden Vermögen eine Situation der Überliquidität. Es gibt in Deutschland, wie auch in anderen entwickelten Industrieländern, einen chronischen Überfluss an anlagesuchendem Geldvermögen. Dadurch steigt aber das Risiko, dass sich Finanzblasen bilden. Geld hört dann auf, Kapital zu sein. Das im Überfluss vorhandene Kapital weicht mangels realer Investitionsobjekte auf Anlagen aus, die keine echten Renditen erbringen, sondern in denen das Geld selbst zum Anlageobjekt wird (Deutschmann 2008).

Die Beispiele zeigen, dass die Mitte nicht in erster Linie von anonymen unkontrollierbaren Kräften bedroht wird, sondern unfreiwillig zur Trägerin einer neuen Gesellschaftsordnung geworden ist, die sie eigentlich kritisiert, weil sie den mittelständischen Prinzipien von Gleichheit, Demokratie und Stabilität widerspricht. Paradoxerweise erwächst diese Selbstschädigung aus den aggregierten Folgen der je individuellen Strategien, sich in den Prestiges- und Status-

1   Handelsblatt vom 3.11.2012

kämpfen zu behaupten. Während die Mittelschicht selbst sich eher als Opfer der gegenwärtigen gesellschaftlichen Verwerfungen betrachtet, ist sie in Wirklichkeit eine tragende Säule.

3. Strategien der Statuspolitk
Szenen der sozialen Selbstbehauptung

Die Mitwirkung an problematischen gesellschaftlichen Entwicklungen zeigt sich auch in anderen Bereichen. So tragen unterschiedliche Milieus zur Vertiefung sozialer Spaltungen bei, in dem sie sich nach unten abgrenzen. Nicht mehr von denen „da oben", sondern von den Unterprivilegierten möchte man sich heute abgrenzen. So findet sich einer Studie von Klaus Dörre und Mitarbeitern (2011) zufolge bei den von Erwerbskrisen bedrohten Facharbeitern eine Tendenz zur Entsolidarisierung. Zwar zeigt sich in Krisenzeiten ein durchaus kritisches Bewusstsein gegenüber gesellschaftlichen Strukturen. Die meisten befragten Facharbeiter sind der Ansicht, dass der gesellschaftliche Wohlstand besser verteilt werden müsse und dass es in der Gesellschaft nur noch ein Oben und ein Unten gebe. Auch glauben etwa die Hälfte der Befragten, dass die heutige Wirtschaftsweise auf Dauer nicht überlebensfähig sei, und sind der Auffassung, dass Gewerkschaften eine „notwendige Gegenmacht gegenüber Kapital- und Finanzmarktinteressen" darstellen (Dörre et al. 2011: 38).

Doch bleiben das eigene Selbstverständnis und vor allem das eigene Handeln von diesen gesellschaftskritischen Ansichten merkwürdig unberührt. Denn in der konkreten Alltagspraxis, so die Autoren, lässt sich bei den Festangestellten eher ein Trend zur Entsolidarisierung beobachten. Leiharbeiter werden von dem Club der Festangestellten ausgeschlossen, sie werden als Arbeitnehmer zweiter Klasse behandelt. Die Leiharbeit erscheint den Festangestellten als ein Leben außerhalb der Respektabilität. Die meisten Befragten sind sich einig, dass in Zukunft nicht mehr jede und jeder mitgenommen werden kann. „Die eigenen Chancen auf Beschäftigungssicherheit steigen, wenn man den Club der Festangestellten einigermaßen exklusiv hält" – so die Schlussfolgerung der Autoren (Dörre et al. 2011: 39).

Als Feindbilder sind unter Facharbeitern auch die Arbeitslosen beliebt. Obwohl Hartz-IV als klare Bedrohung auch des eigenen sozialen Status wahrgenommen wird, bleibt die eigene Betroffenheit doch eher hypothetisch. Rund 50 Prozent der Befragten stimmten der Aussage zu, „auf Arbeitslose solle größerer Druck ausgeübt" werden. Nahezu die Hälfte der Befragten bekannte sich zu einem unverblümten Sozialdarwinismus: „Eine Gesellschaft, in der jedermann aufgefangen wird, ist nicht überlebensfähig" (Dörre et al. 2011: 38). Das

Beispiel zeigt, dass trotz starker Gesellschaftskritik eine Wagenburgmentalität vorherrscht, die keine Solidarisierung mit Leiharbeitern oder Arbeitslosen, sondern eine klare Abgrenzung bedeutet.

Weniger offensichtliche, aber ebenso wirksame Formen der Abgrenzung zeigen sich auch in den großstädtisch-bürgerlichen Milieus der Mittelschicht, die in jeder Hinsicht zu den Gewinnern gesellschaftlicher Entwicklungen gezählt werden können. Seit den 1990er Jahren vollzog die gehobene Mittelschicht eine Metamorphose von alternativer hin zur bürgerlichen Mentalität. So siedelte sich in Großstadtbezirken mit „Flair" eine neue, flexible Dienstleistungsklasse an, die für steigende Mieten sorgt. Oberflächlich betrachtet handelt es sich um ehemals „linke" Stadtteile, also um Stadtteile, in denen viele Personen leben, die für sich beanspruchen, über die richtige Gesinnung, Toleranz gegenüber anderen und Sinn für gesellschaftliche Solidarität und das Allgemeinwohl zu verfügen. Sie werden von Personengruppen bevölkert, die sich für Werte wie Gleichheit und Gerechtigkeit, für Ökologie und gesellschaftliche Integration einsetzen.

Vor allem Berlin gilt als Eldorado toleranter Lebensformen. Doch zeigt sich in den urbanen Stadtteilen wie Friedrichshain, Prenzlauer Berg, Kreuzberg oder Schöneberg, dass die gesellschaftliche Spaltung auch die Linken erfasst hat, zumal die Wohlhabenden unter den „Linken" längst ins bürgerliche Lager übergelaufen sind. Die ehemalige Linke wird zum Schauplatz neuer Kulturkämpfe um die richtigen Lebensentwürfe innerhalb der eigenen Reihen: Linke Aufsteiger mit Geld und gutem Gewissen stehen linken Aussteigern gegenüber, die an dem Modell festhalten wollen, aktuell jedoch aus ihren urbanen Lebensräumen verdrängt werden.

So hat sich Berlin-Friedrichshain in den 1990er Jahren sehr schnell vom Arbeiterviertel zum Szenequartier mit hohem Akademikeranteil entwickelt, mindestens zwei Drittel der Bewohner rund um den S-Bahnhof Ostkreuz sind in den vergangenen Jahren zugezogen. Bei den meisten von ihnen handelt es sich um Gutverdiener, die den urigen Lifestyle der Kieze schätzen und gleichzeitig dafür sorgen, dass das urtümliche „Flair" durch konsumierbaren, linksromantischen Chic verdrängt wird. Das Ende der Metamorphose der In-Stadtteile von einer linken Hausbesetzerszene zur urbanen Öko-Enklave wird mit den Touristenströmen besiegelt. Auch deshalb reagierten die Autonomen Linken verstärkt mit Krawallen. Drei Milieus treffen in Berlin-Friedrichshain aufeinander: die altansässigen Ostdeutschen, die linke Szene, die bald nach der Wende kam, und schließlich die jüngst Zugezogenen, Akademiker und Gutverdiener, die für Kinderreichtum und Kaufkraft sorgen (Deggerich 2009: 35).

Offenkundig ist zudem, dass die akademisch gebildeten Alternativen in ihrer konkreten Lebenspraxis die eigenen, gefühlten Ideale beständig unterlaufen. In Berlin-Prenzlauer Berg, einer weiteren Hochburg der jungen, urbanen

Dienstleistungseliten, ist die Hälfte der Bevölkerung zwischen 25 und 45 Jahre alt, der Anteil der Akademiker verdoppelte sich seit 1995. Auch kosmopolitisches Denken und Toleranz findet hier scheinbar eine materiale Grundlage. So liegt der Anteil der Ausländer bei 11 Prozent und damit nur geringfügig unter dem Berliner Durchschnitt. Doch die Zusammensetzung ist eine völlig andere. Die größte Gruppe bilden Franzosen, gefolgt von Italienern, Amerikanern, Briten, Spaniern und Dänen. Eine G8-Bevölkerung, hoch gebildet und in qualifizierter Arbeit. Es gibt zehnmal mehr Japaner als Ägypter und der Anteil der Türken beläuft sich auf 0,3 Prozent. Man kann sich in Prenzlauer Berg also tolerant fühlen, weil Toleranz nicht herausgefordert wird. Weder türkische Migranten noch Telecafés prägen das Straßenbild. Die Mieten sind dafür zu teuer. Man kann alternativ sein, weil es hier jeder ist, an jeder Ecke kann man gesundes Essen, Workshops und Gesundheitsvorsorge kaufen. Oder wie Sußebach (2007) in seiner Glosse „Bionade-Biedermeier" formulierte: „Prenzlauer Berg ist ein Ghetto, das ohne Zaun auskommt – weil es auch ohne zunehmend hermetisch wirkt."

Die neubürgerlichen Lebensformen dienen nicht nur der Selbstvergewisserung, sie können als heimliche Form des Abgrenzungs- und Kulturkampfes betrachtet werden. Das neue Bürgertum strebt dabei keine bewusste Abgrenzung nach „unten" an (dazu ist es zu tolerant und zu selbstkritisch). Umso wirkungsvoller sind die Mechanismen der sozialen Ab- und Ausgrenzung. In den Augen der neubürgerlichen Mittelschicht muss es etwas geben, was sie, die dauerhaft Erfolgreichen, von den sozialen Absteigern unterscheidet. Die wachsende Schere zwischen Arm und Reich schreiben sie daher individuellen Bildungs- oder Leistungsdefiziten zu. So werden Armut, geringe Einkommen und prekäre Lebensumstände als persönliches Versagen gedeutet. Häufig geht mit der Renaissance bürgerlicher Lebens- und Mentalitätsformen ein neuer Leistungs- und Verantwortungsindividualismus einher, der soziale Ungleichheiten in moralischen Kategorien deutet und sich dem Prinzip der sozialstaatlichen Umverteilung nicht mehr verpflichtet fühlt.

Wofür stehen diese beiden Beispiele? Beide Beispiele zeugen erstens, von einer klaren Selbstabschließungstendenz, die letztlich einer Entsolidarisierung einzelner Milieus innerhalb der Mittelschicht gleich kommt. Das darunter liegende Handlungsskript lautet: Selbstschutz durch Selbstabschließung, Statuserhalt durch die Herausbildung exklusiver Clubs. Dabei zeigen sich durchaus Milieuunterschiede. Im Milieu der Facharbeiter wird die Abgrenzung nach unten, häufig offensiv, z.B. durch die Denunziation von Arbeitslosen, betrieben, wogegen Ausschließungsmechanismen im Prenzlauer Berg, das für das moderne Bürgertum steht, weitaus subtiler, aber umso effizienter vollzogen werden. Explizite Abgrenzung und Hetze gegen sozial Schwächere ist tabu, denn Toleranz gilt als oberste moralische Maxime. Die Folge ist, dass soziale

Schließung hier gleichsam ohne Zensur, d.h. ohne bewusste Absicht stattfindet. Denn Prenzlauer Berg ist ein Ghetto, das ohne Zaun auskommt. Die Zuwanderung wird über den Preis pro Quadratmeter Wohnraum gesteuert. Und Toleranz kann man sich leisten, nicht zuletzt deshalb, weil man sicher ist, dass die eigenen Kinder hier in die richtigen Schulen gehen – nämlich auf Schulen ohne „Migrationsprobleme".

Zweitens zeugen beide Beispiele von einem gespaltenen Bewusstsein nach dem Prinzip – gute Moral/schlechte Gesellschaft. Man selbst zählt sich zu den Guten, Toleranten und weiß sich erfüllt vom kritischen Bewusstsein, während es in der „Gesellschaft da draußen" immer rauer zugeht. Deshalb muss jeder schauen, wo er bleibt – das sind nun mal die Spielregeln. Mittelstandsbürger agieren daher vor allem als Alltagskritiker des Finanzmarktkapitalismus („da draußen") und seiner Verwerfungen, ohne dass ihr eigenes Selbstverständnis davon berührt wird. Diese Bewusstseinsspaltung kann sich jedoch als trügerisch erweisen. Sie funktioniert nur so lange, wie die „schlechte Gesellschaft" eben tatsächlich auch „draußen" bleibt und nicht auf einen selbst zurückschlägt.

4. Ausblick
Die Zukunft der Mittelstandsgesellschaft

Welche Schlussfolgerungen lassen sich aus diesen Entwicklungen für die Zukunft der Mittelschicht ziehen? Deutlich zeigt sich gegenwärtig eine Rückwendung hin zu Familien-, Gemeinschafts- und Traditionswerten (Hradil 2003; Hurrelmann et al. 2006) und eine stärkere Anpassung an gesellschaftliche Vorgaben. Um sich in der Konkurrenzlogik der modernen Arbeitswelten zu behaupten, sind Anpassung und gerade nicht Autonomie und Selbstbehauptung gefragt. Dies manifestiert sich auch in der Abwesenheit politischer Gesellschaftsbilder. Der Rückzug ins Private erfüllt vielfach auch kompensatorische Funktionen. Hier ist man „Herr" der Lage, hier bekommt man die gewünschte Anerkennung und Aufmerksamkeit, hier gilt, was man moralisch für richtig hält.

Insbesondere die jüngere Generation zieht aus gesellschaftlichen Ungerechtigkeiten und prekären Beschäftigungen keine politischen Konsequenzen, sondern allein private: Sie wollen *für sich* wirtschaftliche Sicherheit, passen sich pragmatisch Leistungsnormen an und sehnen sich nach stabilen Ordnungen (Hradil 2003: 51). Dies zeigt sich auch in der Retraditionalisierung des Geschlechterverhältnisses in Ehe und Familie, das von jeher als Projektionsfläche für gesellschaftliche Ordnungsvorstellungen galt. Die Mentalitäten des neuen

Jahrhunderts weisen heute mehr Ähnlichkeiten mit der Moral der 1950er und 1960er Jahre auf, als mit der postmodernen Vielfalt der 1980er Jahre.

Der Rückzug aus dem öffentlichen Leben in den Nahbereich von Familie und Konsum vollzieht sich unauffällig und blieb lange hinter dem durchschlagenden Erfolg der sozialen Gegenbewegungen verborgen. Diese besaßen in den 1970er und 1980er Jahren kulturelle Vorreiterfunktion für die Gesellschaft im Ganzen. Sie waren die Avantgarde einer lebensweltlichen Kultur der alternativen Lebensführung gegen die starren Strukturen und Institutionen der Industriemoderne. Doch die einst von ihnen emanzipatorisch formulierten Werte wie „Kreativität", „Selbstverwirklichung", „Autonomie" und „Expressivität" sind heute den gesellschaftlichen Strukturen in Produktion, Arbeit und Konsum längst einverleibt worden. Sie sind nicht mehr „alternativ" und taugen somit auch nicht mehr als Orte des Widerstands. Mehr noch: Sie sind selbst zu Herrschaftsinstrumenten geronnen. So bedienen sich Arbeitsagenturen und Wohlfahrtsinstitutionen zunehmend der Rhetorik der „Selbstverantwortung", um sozialstaatliche Ansprüche abzuweisen (Lessenich 2008: 83). Ob Arbeitslose oder Hartz-IV-Empfänger, ob alleinerziehende Mütter oder Rentner, sie alle werden unter dem Vorzeichen des aktivierenden Sozialstaates dazu angehalten, sich in erster Linie selbst zu helfen. Die Rede von der „Aktivierung" kommt dabei einer individualisierenden Umdeutung eines gesellschaftlichen Verteilungsproblems gleich.

Sichtbar wird darüber hinaus, dass sich auch Kontrollbedürfnisse verstärken und soziale Abgrenzungen „nach unten" deutlicher und bewusster markiert werden. Die Spaltungen der Gesellschaft und die zunehmende Polarisierung von Lebenschancen und Ressourcen erzeugen Abschließungsbewegungen. Die Mittelschicht ist kein Fahrstuhl mehr, „dessen Türen, groß und komfortabel, sich bei jedem Halt automatisch öffnen" (Münkler 2010: 44) und allen, die über entsprechende Fähigkeiten und Tugenden verfügen, uneingeschränkten Zugang gewährt. Das Fahrstuhlbild beschreibt die Entwicklung der 1960er und 1970er Jahre zutreffend. Damals stiegen alle sozialen Gruppen kollektiv auf – bei fortbestehenden Abständen. Heute hingegen polarisieren sich Chancen und Ressourcen. Die Oberschicht und die obere Mittelschicht rücken stärker zusammen und fahren weiter hoch, die unteren Schichten steigen weiter ab und die Geringqualifizierten sind als Verlierer anzusehen, viele von ihnen müssen ganz aussteigen: „Als erstes wird der Fahrstuhl des sozialen Aufstiegs durch Strickleitern ersetzt, also das Maß der für den Aufstieg erforderlichen Eigenanstrengung erhöht, dann werden die Strickleitern hochgezogen, und diejenigen, die diesen Aufstieg als letztes geschafft haben, werden als Wächter eingesetzt, die ein weiteres Nachrücken verhindern sollen." (Münkler 2010: 70)

Neu ist an dieser Situation, dass die Expansion der Mitte seit den 1990er Jahren eine Grenze erreicht zu haben scheint. Bis in die jüngere Gegenwart hinein wurden moderne Gesellschaften immer wieder von deren Mitte her verstanden. So charakterisierte Helmut Schelsky die westdeutsche Klassenstruktur als „nivellierte Mittelstandsgesellschaft" (Schelsky 1965). Und Pierre Bourdieu machte die Mittelklassen, nämlich das „Kleinbürgertum", zum Schlüssel der modernen Klassenanalyse Frankreichs (Bourdieu 1982). Schließlich findet auch die bundesrepublikanische Diagnose der Individualisierungsthese von Ulrich Beck (1986) ihren Ausgangspunkt in den mittleren Lagen und Milieus. Becks Diagnose „Jenseits von Klasse und Schicht" (ebd.: 121) enthüllt das Bild einer Mittelstandsgesellschaft, die sich – anders als noch bei Schelsky – nicht mehr als *nivelliert*, sondern als *individualisiert* begreift. Nach Beck bewirkte gerade das kollektive Mehr an Einkommen, Bildung und Konsum in der gesellschaftlichen Mitte, dass diese sich aus „Klasse und Stand" herauslöste und individualisierte, wodurch das Hierarchiemodell sozialer Klassen durch die Pluralisierung von Lebenslagen und Lebensstilen unterlaufen wurde (Beck 1986: 122).

Heute dagegen kann von Nivellierungstendenzen in der Mittelschicht keine Rede mehr sein. Aktuell ist eine Rückkehr zur Klassengesellschaft zu beobachten, eine Wiederkehr von „Klasse und Schicht", in der Bildung und Vermögen über Lebenschancen entscheiden. Auch gibt heute nicht mehr das Kleinbürgertum den Ton an, sondern die großstädtisch geprägten, akademischen Mittelschichtsbürger. Nach dem diese, die oft selbst soziale Aufsteiger sind, oben angekommen sind, ziehen sie die Brücken hinter sich zu. Heute bilden sie in Gestalt eines modernen Bürgertums eine zentrale Säule des Finanzmarktkapitalismus, den sie eigentlich kritizieren. Als globale Klasse ist es ihnen gelungen, vormalige Gegensätze, wie Konsum und Tradition, Herkunftsbewusstsein und Kosmopolitismus, Toleranz und Klassenbewusstsein, Flexibilität und Pflege von Besitzständen, zu einem neuen Lebensstil zu verknüpfen. Von der „provinzdeutschen" Ur-Mittelschicht der alten Bundesrepublik trennen dieses moderne Bürgertum heute Welten.

Literatur

Beck, Ulrich (1986): Die Risikogesellschaft. Auf dem Weg in eine andere Moderne. Frankfurt a.M., Suhrkamp.

Bourdieu, Pierre (1982): Die feinen Unterschiede. Kritik der gesellschaftlichen Urteilskraft. Frankfurt a.M., Suhrkamp.

Bude, Heinz (2010): Die verunsicherte Mitte. Die Signalfunktion des Bildungsthemas. In: Interkultur – Jugendkultur (Teil II, Wiesbaden, VS, S. 135-144.

Deggerich, Markus (2009): Stadtentwicklung. Kampf um den Ostkiez. In: Der Spiegel 53/2009 S. 34-35.

Deutsches Aktieninstitut (2012): Institut will gegen den schlechten Ruf der Aktien kämpfen. In: Handelsblatt vom 3.11.2012.

Deutschmann, Christoph (2008): Die Finanzmärkte und die Mittelschichten: der kollektive Buddenbrooks-Effekt. In: Leviathan, 36, S. 501-517.

Dörre, Klaus; Anja Hänel; Hajo Holst und Ingo Matuschek (2011): Guter Betrieb, schlechte Gesellschaft? Arbeits- und Gesellschaftsbewusstsein im Prozess kapitalistischer Landnahme. In: Koppetsch, Cornelia (Hg., 2011): Nachrichten aus den Innenwelten des Kapitalismus. Zur Transformation moderner Subjektivität. Wiesbaden, VS-Verlag, S. 21-50.

Hirsch, Fred (1980): Die sozialen Grenzen des Wachstums. Eine ökonomische Analyse der Wachstumskrise. Reinbek bei Hamburg: Rowohlt.

Hradil, Stefan (2003): Vom Leitbild zum „Leidbild". Singles, ihre veränderte Wahrnehmung und der „Wandel des Wertewandels". In: Zeitschrift für Familienforschung, 15, S. 38-64.

Hurrelmann, Klaus und Mathias Albert (2006): Jugend 2006. Eine pragmatische Generation unter Druck. 15. Shell-Jugendstudie. Frankfurt a.M., Fischer.

Lessenich, Stephan (2008): Die Neuerfindung des Sozialen. Der Sozialstaat im flexiblen Kapitalismus. Bielefeld, transcript.

Münkler, Herfried (2010): Mitte und Maß. Der Kampf um die richtige Ordnung. Berlin, Rowohlt.

Schelsky, Helmut (1965): „Gesellschaftlicher Wandel" und „Die Bedeutung des Klassenbegriffs für die Analyse unserer Gesellschaft". In: Ders. (Hg.): Auf der Suche nach Wirklichkeit. Düsseldorf, Diedrichs, S. 331-351.

Sußebach, Henning (2007): Bionade-Biedermeier. In: ZEITmagazin LEBEN, 08.11.2007 Nr. 46; www.zeit.de/2007/46/D18-PrenzlauerBerg-46.

Stephan Lessenich

Vom verdienten Ruhestand zum Alterskraftunternehmer?

Das Alter im demographischen Wandel

Die gesellschaftliche Neuverhandlung des Alters

Das Alter – die letzte Phase des um die Erwerbsarbeit herum konstruierten „Normallebenslaufs" in industriell-kapitalistischen Gesellschaften – ist in den letzten beiden Jahrzehnten zum Gegenstand eines ungeahnten gesellschaftspolitischen Interesses geworden. Mit der Institutionalisierung des materiell gesicherten „Ruhestands" eine längere gesellschaftshistorische Zeit hinweg nicht nur (jedenfalls in der Breite) existenziellen Sorgen, sondern in gewisser Weise auch der gesellschaftlichen Beobachtung entzogen, rückten die erwerbsarbeitsbefreiten Lebensverhältnisse der Rentnerinnen und Pensionäre zuletzt erneut in das Licht der Öffentlichkeit. Hintergrund dieser „Wiederentdeckung" des (höheren) Alters als sozialer Kategorie ist das medial vielzitierte Faktum des demographischen Wandels, das nicht nur in Deutschland Wissenschaft und Politik, Wirtschaft und „Gesellschaft" zunehmend beschäftigt, und dies nicht selten in von ernsthafter Sorge kündender Weise.

Hinter dem Kürzel „demographischer Wandel" verbergen sich mindestens zwei analytisch zu unterscheidende, in der öffentlichen Wahrnehmung allerdings eng aufeinander bezogene Wandlungsprozesse. Zum einen ist dies der mittlerweile hinlänglich bekannte „Altersstrukturwandel" der spätindustriellen Gesellschaften, womit im Wesentlichen die Zunahme des Anteils älterer Menschen an der Gesamtbevölkerung gemeint ist (vgl. z.B. Schimany 2003). Zum anderen aber vollzieht sich, parallel dazu, ein in der Sozialgerontologie als „Strukturwandel des Alters" bezeichneter Prozess der Veränderung der „letzten Lebensphase" selbst, zu welchem neben dem bereits genannten Aspekt der zunehmenden Hochaltrigkeit die weiteren Dimensionen der Feminisierung und Singularisierung (im Sinne der statistischen Dominanz von Frauen und Einpersonenhaushalten), der Entberuflichung (im Lebenslauf zunehmend früh vollzogene Erwerbsentpflichtung) sowie der Verjüngung des Alters gezählt werden (vgl. Tews 1990).

Insbesondere das letztgenannte, paradox anmutende Phänomen einer „Verjüngung" des Alters spielt in den öffentlichen Debatten um die „alternde Gesellschaft" eine entscheidende Rolle. Dass die heutigen Alten „jünger" sind als jene früherer Zeiten, ein heute 60-jähriger Mensch also nicht die Alterssymptome einer chronologisch gleichaltrigen Person seiner bzw. ihrer Eltern- oder gar Großelterngeneration aufweist, dürfte zum allgemein geteilten gesellschaftlichen Wissensbestand in Bezug auf das Alter der Gegenwart gehören. Und „jünger" bezieht sich hier nicht nur auf die Alterskategorie im engeren Sinne, sondern umschreibt ein ganzes Set an Eigenschaften, das heutige „Alte" – sagen wir: über-55-Jährige – zu Noch-Nicht-Alten (im Lebenszyklus wie auch in der Selbstwahrnehmung) bzw. Nicht-Mehr-Alten (nämlich im intergenerationalen Vergleich) werden lässt: „Die heutigen Seniorinnen und Senioren sind im Durchschnitt gesünder, besser ausgebildet und vitaler als frühere Generationen." (Deutscher Bundestag 2010: 5)

Was läge nun gesellschaftspolitisch näher, als auf den Gedanken zu kommen, dass die „Alten", eben als Noch-Nicht/Nicht-Mehr-Alte, zur Bearbeitung der Folgen jenes demographischen Wandels herangezogen werden könnten, dessen Ausdruck ihre (absolut wie relativ) zunehmende Zahl ist? Oder anders gesagt: dass der Strukturwandel des Alters zur Bewältigung des Altersstrukturwandels beitragen könnte? Genau dieser Gedanke ist im Laufe der beiden letzten Jahrzehnte zur Leitidee des politisch-sozialen Umgangs mit dem Alter und der „gesellschaftlichen Alterung" geworden. *Averting the old age crisis* (World Bank 1994) mit Hilfe der „jungen Alten" (vgl. Dyk/Lessenich 2009) selbst: So lautet die alterspolitische Zukunftsformel der Gegenwart. Auf europäischer Ebene seit Ende der 1990er Jahre in Gestalt der EU-offiziellen Politik des *Active Ageing* vorangetrieben und auf nationaler Ebene in eine umfassendere programmatische Bewegung zum „aktivierenden" Umbau des Sozialstaats eingebettet (vgl. Lessenich 2008), steht die Mobilisierung der „Potenziale des Alters" (vgl. Deutscher Bundestag 2006) auf der Agenda der „alternden Gesellschaft" mittlerweile ganz oben.

Was diese Mobilisierungsstrategie besonders attraktiv macht – bzw. nach dem Willen der Akteure im alterspolitischen Feld besonders attraktiv machen soll – ist ihr öffentlich reklamierter Charakter als *win-win*-Strategie: *The beauty of this strategy is that it is good for everyone.* (Walker 2002: 137) Nicht nur die Alten – als Nicht-Alte – selbst, so heißt es, würden davon profitieren, indem ihnen Möglichkeiten zum Einsatz ihrer Fähigkeiten etwa im Rahmen von Aktivitäten bürgerschaftlichen Engagements eröffnet werden, sondern auch „die Gesellschaft" als Ganze (*society as a whole*, ebd.), welcher der so geartete Einsatz des Humanvermögens „jung-alter" Menschen unmittelbar zugutekomme.

Und mehr noch: Da das Alter kein Zustand, sondern vielmehr ein Prozess sei – und genau genommen ein lebenslanger –, würden die Älteren auch insofern Teil eines gesellschaftlichen Gesamtzusammenhangs, als dass die Nutzung der Ressourcen und Potenziale des Alters tendenziell alle Bürger und Bürgerinnen angehe, *all of us, who are ageing constantly* (ebd.).

Wissensordnungen des Alter(n)s
Vom Ruhestands- zum Produktivitätsdispositiv

Im demographischen Wandel führt somit die Langlebigkeit der Alten gepaart mit der Verjüngung des Alters dazu, dass – so ist die Leitidee des *Active Ageing* zu verstehen – die Pflege und Mobilisierung der „Alterskraft" im doppelten Sinne zu einer gesamtgesellschaftlichen Aufgabe wird: Alle sind aufgefordert, sich an diesem Unternehmen zu beteiligen – *we are all part of the same project* (ebd.); und zwar deswegen, weil die je individuelle Beteiligung daran letztlich für alle ein Gewinn ist. Dieser – zunächst wissenspolitischen – „Konstruktion" eines „aktiven Alters" ist ein Forschungsprojekt an der Universität Jena nachgegangen, das auf die Beantwortung der Frage zielte, ob sich in der gesellschaftlichen Gegenwart auch bereits eine empirisch rekonstruierbare soziale Realität „aktiver Alter" finden lässt.[1]

Theoretisch und methodologisch nahm unser Vorhaben seinen Ausgang in einem kritischen Anschluss an die seit einem Jahrzehnt auch im deutschen Sprachraum etablierte Gouvernementalitätsforschung. An den Programmen und Technologien der Menschenführung und der politischen Konstitution selbstführender Subjekte interessiert, hat dieser am „späten" Foucault orientierte Forschungsstrang einen erhellenden diagnostischen Blick auf die ökonomisierende Regierung des Sozialen im „neoliberalen" Zeitalter eröffnet (vgl. z.B. Bröckling et al. 2000). Allerdings meiden die diesem Strang zuzuordnenden Arbeiten systematisch – und explizit – die empirische Überprüfung der Effekte der von ihnen (in Gestalt von Lehrbüchern, Ratgeberliteratur, Gesetzestexten usw.) untersuchten Regierungsprogramme und -technologien auf die Adressatinnen derselben, sprich auf die (gleichsam „immer schon") als „regiert" angenommenen Subjekte in ihren sozialen Lebenswelten und Alltagspraktiken.

---

1   Zu dem Team des Projekts „Vom ‚verdienten Ruhestand' zum ‚Alterskraftunternehmer'?" gehörten zudem Silke van Dyk, Tina Denninger und Anna Richter. Das Projekt wurde im Rahmen des Sonderforschungsbereichs 580 „Gesellschaftlicher Wandel nach dem Systemumbruch" an den Universitäten Jena und Halle-Wittenberg durch die Deutsche Forschungsgemeinschaft gefördert. Vgl. ausführlich zu seinen Ergebnissen Denninger et al. 2013.

Gegen diese forschungsprogrammatische Beschränkung auf Programm-
analysen interessierte uns gerade die „soziale Akzeptanz" der nur durch das
Handeln der Subjekte hindurch „herrschenden" Regierungsprogramme und
-technologien (vgl. Denninger et al. 2010). Zu diesem Zweck haben wir einerseits – ganz im Sinne der Gouvernementalitätsstudien – eine Analyse des öffentlichen, politisch-medialen Altersdiskurses seit Mitte der 1980er Jahre bis
in die Gegenwart durchgeführt.[2] Zudem haben wir andererseits – in einem Akt
bewusster methodologischer Gegenbewegung – qualitative, problemzentrierte
Leitfadeninterviews mit älteren Menschen geführt, um deren Selbstpositionie-
rung im Raum der gesellschaftlich kursierenden Alters- und Nacherwerbsbil-
der zu dokumentieren.[3]

Im Folgenden konzentriert sich die Darstellung im Wesentlichen auf die
„Architekturen des Wissens", wie sie sich in der Analyse des öffentlichen Dis-
kursgeschehens rund um die gesellschaftliche Verhandlung von Altersbildern
herauskristallisiert haben. Damit ist zwar streng genommen nur ein, nämlich
das epistemische, Element dessen in den Blick genommen, was wir das „Al-
tersdispositiv" nennen wollen: das öffentlich konstruierte und legitimierte Bild
davon, was „das Alter" ist (und was nicht) bzw. wie „alte Menschen" sind (und
wie nicht), wie „das Alter" und „der alte Mensch" sein sollen bzw. zu sein haben. Dieser gesellschaftlichen Wissensordnung des Alters sind wir in unserer
Diskursanalyse über die Rekonstruktion von Erzähllinien oder *story lines* empirisch nachgegangen. Darunter verstehen wir mit Maarten Hajer „Erzählungen
der sozialen Wirklichkeit [...], durch die Elemente aus vielen unterschiedlichen
Gebieten miteinander verknüpft werden und die dabei den Akteuren ein Set
symbolischer Assoziationen an die Hand geben, die so ein geteiltes Verständnis
suggerieren" (Hajer 1997: 113) – ein geteiltes Verständnis davon zum Beispiel,
wie das Alter ist und was es ausmacht, was alte Menschen tun und lassen, wie
sie leben und sich geben. Auf der Grundlage unseres empirischen Materials
haben wir drei verschiedene gesellschaftliche Altersdispositive identifizieren
können, die im historischen Verlauf weniger einander ablösen als sich vielmehr

---

2   Diese Analyse beruht auf ca. 2500 Textdokumenten aus den Jahren 1993 bis 2010,
     die ein breites Spektrum an Publikationen aus dem politisch-medialen Raum um-
     fassen – von Tageszeitungen (FAZ, taz, BILD, ND) über Zeitschriften (SPIEGEL,
     Brigitte und Brigitte Woman, Apotheken Umschau) bis hin zu politischen bzw.
     wissenschaftlich-politischen Medienerzeugnissen (Altenberichte der Bundes-
     regierung, Selbstbeschreibungen altenpolitischer Modellprogramme usw.) und
     ausgewählten Werbekampagnen.

3   Die Interviews wurden 2009 und 2010 mit insgesamt 60 älteren (60- bis 70-jähri-
     gen), verrenteten Männern und Frauen unterschiedlichen Bildungs- und Einkom-
     mensstatus in Jena und Erlangen geführt.

überlagern und in wechselnder Weise miteinander interagieren – und die mit drei unterschiedlichen *story lines* des Alters operieren.

Bis in die 1980er Jahre hinein findet sich in der deutschen Öffentlichkeit das verankert, was seither zunehmend als negative Hintergrundfolie für die Etablierung neuartiger Dispositivkonstellationen fungiert: die Wissensordnung des „ruheständischen" Alters. Ist vom Alter die Rede, dann verschränken sich im Ruhestandsdispositiv das Wissen um dessen Erwerbsentpflichtung und materielle Versorgung über die Institution der gesetzlichen Rentenversicherung mit Assoziationen des Rückzugs aus dem öffentlichen Leben und der sozialen Vereinzelung, des körperlichen Abbaus und des Nachlassens von außeralltäglichen Aktivitäten. Die Kurzerzählung eines gesicherten und weitgehend sorglosen, aber tendenziell auch sinnentleerten und wenig freudvollen Alters verknüpft – in wechselnder Kombination und mal kürzeren, mal längeren Verkettungen – narrative Elemente wie die Rente und das Kurhotel, Haus und Garten, Sofa und Fernseher, Corega Tabs und Altenheim zu einem Bild des „Ruhestands", dem irgendwie etwas Gestriges anhaftet, und dies zumal im Lichte neuerer Wissensbestände, die dieses Bild historisch zunehmend überformen und damit nicht nur empirisch, sondern auch normativ in Frage stellen.

So lässt sich seit Mitte, spätestens Ende der 1980er Jahre eine neue Erzähllinie im öffentlichen Altersdiskurs ausmachen, die in dem Kunstwort des „Unruhestands" ihren Ausdruck findet. Es sind einerseits wissenschaftliche Wissensbestände, die in das neu entstehende Bild einer „unruheständigen" Lebensführung im Alter eingehen, nämlich das Wissen um die Plastizität des alten Körpers – einschließlich des alternden Hirns – und um die zahlreichen Kompetenzen des Alters, um die sich ein Normativ des eigentätigen Funktionserhalts rankt: Die Alten werden dazu ermuntert, sich um eine gesunde Lebensführung, um Fitnesstraining und Gehirngymnastik, sprich um sich selbst zu kümmern – im Interesse einer subjektiv erfüllten und individuell „erfolgreichen" Langlebigkeit. Wer rastet, der rostet – und wer sich bewegt, altert langsamer bzw. bleibt im Alter länger jung. In diese Erzählung von den neuen Möglichkeiten, sich selbst als „junge/n Alte/n" zu konstituieren und durch Aktivität zu immer neuer Lebenskraft zu finden, gehen neuartige Elemente ein, die sich von denen der überkommenen und zunehmend der Abgrenzung dienenden Ruhestandserzählung signifikant unterscheiden: das Radfahren und der Hometrainer, die Walking-Stöcke und der Computer, die Fernreise und der Jakobsweg, die Alten-WG und das Seniorenstudium. Jeder dieser Begriffe ruft in der öffentlichen Kommunikation Bilder des Alters auf – oder bringt sie hervor, die im Doppelsinne „unruheständischer" kaum sein könnten.

Doch auch diese Erzähllinie wird seit Ende der 1990er Jahre und verstärkt seit Mitte des vergangenen Jahrzehnts durch eine weitere, dritte überlagert, die sie zugleich fortführt und umschreibt: die Wissensordnung des „produktiven

Alters". Sprechend für diese Ordnung – und kennzeichnend für ihre Genese im politischen Feld – ist eine institutionelle Kampage des Bundesseniorenministeriums aus dem Jahr 2009, die unter dem Slogan „Zähl Taten, nicht Falten" alte Menschen dazu aufforderte, bürgerschaftlich aktiv zu werden – und damit nicht nur für sich selbst, sondern auch für andere. Darin liegt denn auch der entscheidende Unterschied des „Produktivitäts"- zum früheren „Unruhestands"-Dispositiv des Alters: Die Kompetenzen, die den „jungen" – bzw. unruheständisch jung gebliebenen – Alten hier zugeschrieben werden, gelten als Potenziale eines produktiven Tätigwerdens zum Nutzen der Allgemeinheit und begründen damit den zumindest impliziten Aufruf, durch Realisierung dieser Potenziale sozial verantwortlich zu handeln. In diesem Sinne werden hier andere Elemente erzählerischer Konstruktion prominent – zu nah sind selbst Hometrainer, Walking-Stöcke oder Seniorenstudium, als Objekte und Institutionen des Unruhestands, an dem Bild einer zwar eigenverantwortlichen, aber eben auch eigennützigen, selbstbezüglichen Lebensführung, zu weit entfernt hingegen von der Zurschaustellung gesellschaftlicher Verantwortung im Alter. Im Sinne der Wissensordnung des „produktiven Alters" muss es nun schon die Semantik der „Rente mit 67" (als Verlängerung des Erwerbslebens zwecks Entlastung der Alterssicherungssysteme), des Bürgerschaftlichen Engagements (als freiwilliger Dienst an der Allgemeinheit) oder der Tätigkeit als „Senioren-Trainer/in" (sprich als Ausbilder/in anderer Älterer zu bürgerschaftlich Engagierten) sein, um aus den aktiven Alten auch „gute" Alte zu machen: nützliche, wertschaffende und ertragreiche, damit auch erträgliche und akzeptierte Mitglieder der Gesellschaft – was sich heute, so lernen wir, nicht mehr von selbst versteht.

„Was im Alter möglich ist" – und für wen

Vieles ließe sich über diese historische Dynamik gesellschaftlicher Wissensordnungen des Alters – jenseits ihrer uns letztendlich interessierenden Reproduktion bzw. Transformation in der und durch die Alltagspraxis älterer Menschen – an dieser Stelle sagen: über die bemerkenswerte Delegitimierung des „Ruhestands" im öffentlichen Raum (und seine ebenso bemerkenswerte, fortbestehende Akzeptanz bei den Leuten); über das harmonisierende Bild von sich in ihrem Engagement für Andere selbst verwirklichenden Menschen (das im Kontrast steht zu den nicht seltenen Abwertungs- und Diskriminierungserfahrungen der Älteren im Ehrenamt); oder über die hochgradig selektive diskursive Zuweisung von Kompetenzen und Ressourcen an die „jungen" Alten (denen immer nur Ruhe, Gründlichkeit, Erfahrung zugeschrieben wird, nie aber Initiative, Innovativität, Flexibilität – die durchgängig Attribute der „wirklich" Jungen bleiben). Jedoch soll an dieser Stelle nur auf einen Aspekt der neuen, produktivistischen Wissensordnung des Alters eingegangen werden, nämlich auf ihre sozialstrukturelle Schlagseite.

Die Erzählung vom „jungen", aktiven und produktiven – oder genauer: potenziell produktiven – Alter ist nämlich sozialstrukturell alles andere als neutral. Was hier im öffentlichen Diskurs als zeitgemäßes und sozial angemessenes, gesellschaftlich legitimes Alter gezeichnet wird, ist eines, das den sozialen Gepflogenheiten und normativen Standards der gehobenen bürgerlichen Sozialmilieus entspricht – und dies nicht zufällig. In der nach(un)ruheständischen Wissensordnung des Alters manifestiert sich die gesellschaftliche Macht und kulturelle Hegemonie des Bildungs- und Besitzbürgertums – die sich über das Produktivitätsdispositiv des Alters in neuer Weise reproduziert und bestätigt. Denn die gesellschaftlichen Gewinner einer entsprechenden Neuverhandlung des Alters sind all jene älteren (bzw. alternden und zukünftig „alten") Menschen, die tatsächlich ressourcenreich sind, über hohes ökonomisches, kulturelles und soziales Kapital verfügen und in ihren Lebensführungsmustern dem Normativ des eigenverantwortlich sozialverantwortlichen Aktivbürgers ohnehin bereits entsprechen bzw. ihm ohne Weiteres zu entsprechen in der (sozialen) Lage sind (vgl. Graefe/Lessenich 2012). Kurz gesagt: Der nicht geringste Effekt des neuen Altersdispositivs (wie der alten auch) ist sein ungleichheitsgenerierendes bzw. -reproduzierendes Potenzial – *active ageing* erweist sich bei genauerem Hinsehen wenn nicht vor allem anderen, so doch unter anderem als eine klassenpolitische Distinktions-, Behauptungs- und Herrschaftsstrategie.

In nahezu idealtypischer Weise – man mag auch sagen: in geradezu utopischer Perfektion – lässt sich dieser klassenpolitische Dominanzeffekt an einer natürlichen Person des öffentlichen Lebens illustrieren, der im Kontext des jüngeren Altersdiskurses geradezu der Charakter einer künstlichen Sozialfigur des „aktiven Alters" zukommt: Henning Scherf, SPD-Politiker, lange Jahre Bürgermeister der Freien Hansestadt Bremen – und seit seiner Pensionierung gleichsam offiziöser Bannerträger eines Lebens an der Schwelle vom Unruhestand zum produktiven Alter. Wie in weit verbreiteten Medien sowohl der akademisch-„bildungsnahen" Informations- wie der alle anderen Milieus übergreifenden Populärkultur – SPIEGEL und BILD – über ihn (und von ihm selbst über sich) geschrieben wird, zeichnet ein sprechendes Bild des gelungenen, „erfolgreichen" Alters, das – auf mehr oder weniger subtile Weise – lebenspraktische Standards und verhaltensnormative Maßstäbe des Alterns in einer „alternden Gesellschaft" setzt.

„So kann der Terminplan eines Ruheständlers auch aussehen – morgens in Oldenburg: Preisverleihung in einem Chorwettbewerb; mittags in Osnabrück: Vortrag vor Unternehmern; abends in Bremen: Diskussion mit Professoren und Studenten an der Universität; zwischendrin: Fernsehinterviews und Telefonate." Anlässlich der Veröffentlichung seines Buches „Grau ist bunt: Was im Alter möglich ist" berichtet im Herbst 2006 nicht nur DER SPIEGEL, sondern insbesondere auch die BILD-Zeitung[4] ausführlich über den damals 68-jährigen Scherf und präsentiert „Deutschlands beliebtesten Politiker" als ideellen Gesamtunruheständler.

In seiner Selbstbeschreibung („Mein Altersleben gilt als positives Beispiel") ebenso wie aus der BILD-Fremdsicht („Er sprüht vor Ideen und Initiativen, greift auf eine reichhaltige Lebenserfahrung zurück") erscheint der „beliebte Ex-Politiker" (BILD) als Inbegriff des „jungen Alten", der die aktive Gestaltung seines Nacherwerbslebens in die Hand nimmt („Viel bewegen – egal, wie, und egal, wo", BILD) und damit nicht nur sich selbst, sondern auch Anderen („Wir haben uns gegenseitig so viel zu geben", Scherf) Gutes tut.

Die teils bloß beschreibende, teils auch schon moralisierende („Als Rentner darfst du keine Sekunde ruhen") Unruhestandserzählung dominiert Scherfs ebenso umfangreiche wie bilderfrohe Selbst- und Fremddarstellung – und sie adressiert keineswegs nur die Jüngeren unter den Älteren: „Flotte 60er walken durch den Wald oder laufen sogar Marathon. Flotte 70er reisen wie die Weltmeister oder hocken als Studenten in der Uni. Flotte 80er genießen den Rotwein am Abend oder tanzen fröhlich in die Nacht." (BILD) Henning Scherf selbst „fährt Fahrrad. Und ist stolz auf jeden Kilometer." Aber natürlich bleibt er nicht dabei stehen: Er singt, und zwar im Chor, im Verein mit Anderen, und dies nicht nur, weil es ihm Spaß bereitet, sondern auch, weil er von „Studien in den USA" weiß, „dass Menschen, die bis ins hohe Alter singen, bis zu zehn Jahre älter werden!" Er schreibt und malt („von meiner Bilderausstellung in Beverstedt und meinem neuen Buchprojekt wollte ich Ihnen ja auch noch erzählen"). Er hat mit seiner Frau und gemeinsamen, in etwa gleichaltrigen Freunden eine „abbruchreife Stadtvilla" im Bremer Bahnhofsviertel gekauft und aufwändig saniert und erprobt dort als Lebensformpionier („die Zahl der tatsächlich realisierten grauen Wohngemeinschaften [ist] immer noch erschreckend gering", weiß DER SPIEGEL) neue Wohnformen – einschließlich hauseigenem „Debattierzirkel" („Wir sitzen dann bei heißem Wasser, Tee und Keksen zusammen und diskutieren englische Zeitungsartikel").

Was in jeder Hinsicht so harmlos positiv wirkt, hat allerdings für Scherf selbst einen äußerst ernsten Hintergrund – denn hinter dem Segen der alltäglichen Altersaktivität lauert die ständige Gefahr von Verwahrlosung, Krankheit und Sterben. „Als Rentner darfst Du keine Sekunde ruhen" meint demnach auch: sonst kommt statt der „späten Freiheit" der frühe Tod. Zunächst einmal „egal, was jemand macht: Wichtig ist, Tätigkeiten zu finden, die dafür sorgen,

---

4   Die nachfolgenden Zitate stammen aus einem Beitrag des SPIEGELs vom Oktober sowie aus sechs Artikeln in der BILD-Zeitung vom September bzw. Dezember 2006.

dass man nicht schon vormittags auf das Fernsehprogramm wartet" (Scherf).
Die aus dem öffentlichen Diskurs zu unterschiedlichsten „sozialen Problemen"
sattsam bekannte Phänomenologie des Passivitätssyndroms – zuhause vor dem
Fernseher sitzen und nichts tun – wird auch und gerade von dem Altbürger-
meister zu einem Schreckensbild des Alters verdichtet, das an Drastik und Konsequenz nichts zu wünschen übrig lässt: „Mit dem Hirn ist es wie mit den Mus-
keln: Wer das nicht trainiert, nicht in Bewegung bleibt, der baut ab, wird immer
schwächer." Und mehr noch, die logische Folge des Nichtstuns ist der Passivi-
tätstod, weshalb Scherf betont: „Das Wort Ruhestand mag ich gar nicht, halte es
sogar für gefährlich." Im eigentlichen Sinne ist das Ruheständlerdasein für ihn
„sogar lebensgefährlich", setzt es doch die Alten auf eine (Ab-)Lebensbahn, die
abschüssiger und – einmal beschritten – irreversibler nicht sein könnte: „wer
nach dem Ausscheiden aus dem Berufsleben aktiv bleibt, lebt länger und besser. Wer sich hingegen fallen lässt, nur noch Fernsehen glotzt, nicht mehr raus-
geht, der vereinsamt, wird depressiv und stirbt."

So schlimm kann also die Alterswelt sein – und doch ist es auch wiederum
so einfach, diese persönliche Verfallsgeschichte zu verhindern. Denn zu den
„fröhlichen, aktiven Alten" (Scherf), die das Unruhestandsmotto im BILD-Kür-
zestformat – „Roste nicht, nutze die Zeit, bewege dich, pack was an" – beherzi-
gen, kann potenziell Jede/r gehören. Das wissen auch die zuständigen Redak-
teure der BILD-Zeitung: „Wir sind fit, geistig und körperlich. Und wir haben
meistens auch die Rente, die uns gut ernährt." Was also steht einem Aufbruch
der Alten – „nicht herumsitzen, sondern etwas tun und bewirken" (Scherf) –
entgegen, wenn nicht die eigene Motivationsschwäche, der fehlende Wille zum
Altersglück, den es durch gesellschaftliche Lichtgestalten wie Henning Scherf
zu fordern und zu fördern gilt? Scherf ist „dem Elend des Alters" selbst begegnet – nicht allerdings in verarmten Rentnerinnenhaushalten oder herunter-
gekommenen Altenpflegeheimen, auch nicht etwa hierzulande, sondern (wo
sonst?) in Amerika, konkret „in Miami Beach": „Alte Menschen, die am Strand
lagen und auf den Abend warteten. Alte Menschen in den Shopping-Malls. Und
Alte an den Highways, die auf Campingstühlen saßen und nichts weiter taten,
als den vorüberfahrenden Autos hinterher zu starren, Stunde um Stunde, bis
zur nächsten Mahlzeit." Wer dieses Wohlstandselend und damit die Amerika-
nisierung auch noch des deutschen Alterslebens verhindern will, der – so die
Botschaft – muss dafür sorgen, dass „die Deutschen, bald ein Volk der Alten"
(BILD), auf andere Gedanken kommen, was die Vorstellung und die Praxis
eines guten, erfolgreichen Alterns angeht: Der junge Alte Scherf möchte – nicht
zuletzt angesichts der „Überalterung der Gesellschaft" (Scherf) – „gerne über
die Chancen reden, die ein Leben nach der Berufstätigkeit eröffnet. Ich möchte
darüber reden, was alles im Alter möglich ist. Ich möchte Menschen Mut machen und sie hinterm Ofen hervorlocken."

Interessant ist dabei nicht zuletzt, welche Stereotype des Alters und der Alten – sei es, dass sie vorüberfahrenden Autos hinterher starren, sei es, dass sie hinter dem Ofen hervorgelockt werden müssen – vermittelt über die Rede von ihrer Mobilisierung bemüht und damit auch reproduziert werden. Scherf selbst meint betonen zu müssen, dass alte Menschen „nicht nur eine Last" sind, und will zeigen, „was Alte heute alles leisten können": „mit diesen Schreckensbildern von Massen an pflegebedürftigen Greisen, die mit ihren Rollstühlen uns alle in Bedrängnis bringen, muss Schluss sein!" Ähnlich dezidiert altenfreundlich malt die BILD-Zeitung selbst ein – vermeintlich gesellschaftlich dominantes – Zerr-„Bild der Älteren", das „zu viele [...] noch immer [...] im Kopf" hätten: „Greise, gebeugt und gebeutelt, am Krückstock humpelnd, die dem Ende entgegen dämmern." Gegen dieses, durch wortreiches Dementi irgendwie auch wiederum aktiv bestätigte Altersbild setzen Scherf und BILD dessen eigenen Lebensentwurf eines nicht nur aktiven, sondern auch produktiven Alter(n)s. Denn es ist ja nicht so, dass der ehemalige Bremer Bürgermeister nur etwas für sich selbst tun würde. Was er tut, das tut er auch zum Nutzen oder zumindest Gefallen Dritter: Seine Bilder stellt er öffentlich aus, sein Erfahrungswissen gibt er gesellschaftlich weiter, seinen Gesang setzt er für Andere ein, insbesondere für Kinder – schließlich wisse man ja (der gesellschaftspolitische Stereotypenreigen setzt sich fort), dass „in den meisten Familien [...] zu Hause gar nicht mehr gesungen" werde. Und überhaupt seien doch, neben dem Singen, „viele der Dienstleistungen, die dringend gebraucht werden, [...] als offizielle und bezahlte Arbeit nicht zu haben": „An dieser Stelle kommen wir Alten ins Spiel", so Scherf – als Ausfallbürgen eines überforderten, leistungsbeschränkten Sozialstaats. „Wir leisten unentgeltliche Arbeit für diese Gesellschaft", so die halb konstatierende, halb animierende Botschaft des „beliebten SPD-Politikers" (BILD) – „weil sie uns Freude macht".

Damit ist in Scherfs Erzählungen der Bogen zu nicht nur selbstbezogenen, sondern auch heteroproduktiven Tätigkeiten geschlagen. „Mit ehrenamtlicher Arbeit kann man nicht früh genug beginnen", weiß Scherf: „Ich zum Beispiel bin schon lange Präsident des deutschen Chorverbandes." Hier wie auch an vielen anderen Stellen – wenn etwa als leuchtende Beispiele bürgerschaftlichen Engagements die Scherf bekannten, im Ausland unternehmensberatend tätigen „ehemaligen Vorstandsmitglieder großer Firmen" benannt werden – wird zwar immer wieder offensichtlich, dass sich die konkrete außerberufliche Alterspraxis Scherfs, die insgesamt eher einem verlängerten, ins Nacherwerbsleben überführten Vollzeitarbeitsleben gleicht, als Lebensentwurf von Älteren in einer alternden Gesellschaft schwerlich wird verallgemeinern lassen. Doch darum geht es – zumindest scheinbar – nicht: Nicht nur die oberen Schichten haben Anderen etwas zu geben. Auf je eigene Weise kann Jede/r etwas aus seinem bzw. ihrem Alter machen, „bevor es etwas aus einem macht" (Scherf) –

und damit sich selbst auch in den Dienst des Gemeinwesens stellen. Gleichwohl ist es bemerkenswert, wie wenig bei aller Rede über Stadtvillenkäufe und Verbandspräsidentschaften, bei allem Verweis auf englische Debattierzirkel und einschlägige Rilke-Zitate („Es hat sich ein neuer Ring um unser Leben gelegt."), die absolute und relative Privilegierung einer Person wie Henning Scherf gegenüber dem bzw. der durchschnittlich erwartbaren Rentner/in der BILD-Zeitung aufzufallen scheint – und auch unserem alterspolitischen *role model* selbst. Weil der alterstalentierte Herr Scherf so sympathisch, so offenkundig hilfreich, edel und gut ist, sehen wir – so soll es wohl sein – über diese kleine sozialstrukturelle Besonderheit hinweg und eifern ihm – so ist es wohl gemeint – in unserem eigenen Altern nach: Ein Jeder und eine Jede an seinem und ihrem Platz, nach bestem Wissen und Gewissen. Wenn das keine neue – und zugleich auch wieder alte – gesellschaftliche Wissens-Ordnung ist.

Literatur

Bröckling, Ulrich; Krasmann, Susanne; Lemke, Thomas (Hg.) (2000): Gouvernementalität der Gegenwart. Studien zur Ökonomisierung des Sozialen. Frankfurt a.M., Suhrkamp.

Denninger, Tina; Dyk, Silke van; Lessenich, Stephan; Richter, Anna (2010): Die Regierung des Alter(n)s. Analysen im Spannungsfeld von Diskurs, Dispositiv und Disposition. In: Johannes Angermüller; Silke van Dyk (Hg.), Diskursanalyse meets Gouvernementalitätsfoschung. Frankfurt/New York, Campus, S. 207-235.

Denninger, Tina; Dyk, Silke van; Lessenich, Stephan; Richter, Anna (2013): Leben im Ruhestand. Zur Neuverhandlung des Alters in der Aktivgesellschaft. Bielefeld, transcript [im Erscheinen].

Deutscher Bundestag (2006): Fünfter Bericht zur Lage der älteren Generation in der Bundesrepublik Deutschland – Potenziale des Alters in Wirtschaft und Gesellschaft – Der Beitrag älterer Menschen zum Zusammenhalt der Generationen. Drucksache 16/2190 vom 6.7.2006, Berlin.

Deutscher Bundestag (2010): Sechster Bericht zur Lage der älteren Generation in der Bundesrepublik Deutschland – Altersbilder in der Gesellschaft. Drucksache 17/3815 vom 17.11.2010, Berlin.

Dyk, Silke van; Lessenich, Stephan (Hg.) (2009): Die jungen Alten. Analysen einer neuen Sozialfigur. Frankfurt/New York, Campus.

Graefe, Stefanie; Lessenich, Stephan (2012): Rechtfertigungsordnungen des Alter(n)s. In: Soziale Welt 63 (4), S. 299-315.

Lessenich, Stephan (2008): Die Neuerfindung des Sozialen. Der Sozialstaat im flexiblen Kapitalismus. Bielefeld, transcript.

Schimany, Peter (2003): Die Alterung der Gesellschaft. Ursachen und Folgen des demographischen Umbruchs. Frankfurt/New York, Campus.

Tews, Hans Peter (1990): Neue und alte Aspekte des Strukturwandels des Alters. In: WSI-Mitteilungen 43 (8), S. 478-491.

Walker, Alan (2002): A strategy for active ageing. In: International Social Security Review 55 (1), S. 121-139.

World Bank (1994): Averting the old age crisis: politics to protect the old and promote growth. Washington D.C., World Bank.

Kathrin Röggla

Aus: „Wir schlafen nicht"

silke mertens, key account managerin, 37
nicole damaschke, praktikantin, 24
andrea bülow, ehemalige tv-redakteurin, jetzt online-redakteurin, 42
sven prattner, nein, nicht it-supporter, 34
oliver hannes bender, senior associate, 30
herr gehringer, partner, 44

17. runterkommen

der *it-supporter*: ja, das schwierigste sei das runterkommen. er habe das immer wieder festgestellt. die stresssituationen alleine seien es nicht. es sei mehr das runterkommen, das dann so anstrengend sei. er wisse dann meist nichts mit sich anzufangen, sei unansprechbar, bzw. könne es passieren, dass ihn eine depression erwische oder er krank werde.

grippen, virusinfektionen, übelkeiten über nacht. kopfschmerzen. seine umwelt wisse dann meist bescheid. man lasse ihn dann in ruhe. man warte einfach ab, „ja, nach solchen phasen stürzt du erstmal ab. danach bist du fertig. und wenn du dann keine ergebnisse vorzuweisen hast wie eben jetzt – umso schlimmer für dich!"

die *key account managerin*: sie sei auch nicht ansprechbar. sie sei eine ganze weile nicht ansprechbar, trinke dann dauernd wasser.

ja, wasser, richtig wasser. sie trinke dann literweise wasser, als wäre der ganze körper völlig dehydriert, als würde sie am verdursten sein, aber nach einer weile beruhige sich das wieder.

das müsse irgendeine fehlfunktion sein. oder der körper melde sich einfach zurück über den durst, sie wisse es nicht.

zwei, drei liter könnten es schon sein, auf zwei, drei liter komme sie bestimmt.

die *online redakteurin*: ach, sie stünde dann unter redezwang. müsse ständig mit freunden telefonieren, stundenlang. und wenn dann mal keine freunde da sind – „na, dann gnade ihnen gott!" (lacht) sie könne da unerbittlich sein. sie könne dann eine ganze weile nicht aufhören. es sei eben wie ein zwang. als würde durch dieses ständige quasseln sich etwas abarbeiten können, was sich in ihr angestaut habe – „nennen wir es leerlauf", der dann noch vor sich gehe, „wie bei einem läufer – der bleibt nach dem laufen auch nicht einfach stehen."

der *senior associate*: er komme erst gar nicht runter. meist suche er sich gleich wieder einen neuen stress, also er würde sagen: so richtig runterkommen tue er nicht. wieso auch? das runterkommen wäre für ihn viel stressiger als sich einen neuen stress zu organisieren. es erscheine einfacher, sich auf demselben aktionslevel zu halten, ja, ihm erscheine der eigentliche stress gar nicht so stressig wie das runterkommen.

na, zum beispiel müsse er immer unfälle bauen, d.h. er fahre meist sein auto kaputt. einmal im monat fahre er mit sicherheit sein auto kaputt. er wisse selbst, dass das unverantwortlich sei. er wisse selbst, dass das quatsch sei, da brauche sie gar nicht so die augenbrauen hochzuziehen, er würde auch viel lieber sein auto nicht kaputtfahren, das sei ja logisch. er würde viel lieber das sein lassen, denn schließlich entstünden daraus ja nicht nur schäden, sondern auch folgeschäden, und schließlich sei auch meist jemand anderer verwickelt. also sowas mache man ja auch nicht allein, so einen unfall.

oder er baue sich unglaubliche steuerszenarien, also da sei er ein absoluter spezialist. im bauen komplizierter steuerszenarien. seine steuersituation sei so unübersichtlich, dass da im grunde niemand mehr durchsteige, am wenigsten er selbst. obwohl er sich einrede, er habe das im griff. aber natürlich habe er nichts im griff. und so bekomme er andauernd vorladungen. andauernd steuerprüfungen und vorladungen. ja, das liebe finanzamt, das komme ihm einmal im monat ins haus geschneit. mittlerweile wisse er da schon immer vorher bescheid. er habe direkt so ein finanzamtsgefühl, eine finanzamtsahnung aufgebaut, die ihn zusätzlich kicke. und dabei gehe es ihm nicht ums geld, d.h. ein bisschen gehe es ihm schon ums geld, wie es eben immer ein bisschen ums geld gehe, aber nicht in erster linie. nein, er würde eher sagen, bei ihm sei das eine art selbstläufer, eine art selbstorganisation des stresses, das habe bei ihm nämlich schon eine eigendynamik entwickelt.

das sei ähnlich wie bei einem alkoholiker. er brauche wahrscheinlich einen bestimmten pegel. er brauche eben ständig etwas adrenalin im blut. keine ahnung, was passiere, wenn das mal entfalle, keine ahnung. wahrscheinlich würde ihn das in die tiefste depression stürzen. aber im grunde wisse er das nicht. er komme an so einen zustand gar nicht mehr ran, weil, im gegensatz zu drogen, laufe dieser adrenalinsteigerungsprozess völlig unbewusst ab, d.h. er könne da nicht viel steuern, er habe da nicht viel in der hand. denn sein körper produziere wie von selbst das adrenalin. das seien ja körpereigene stoffe. das mache ja sein körper mit ihm und nicht er mit seinem körper. zumindest in dem stadium, in dem er sich befinde. er meine, „wer ist schon nicht auf adrenalin heutzutage?" alle, alle seien sie auf adrenalin. man müsse sich diese runde mal ansehen. ob man da jemanden sehen könne, der nicht auf adrenalin sei?

der *partner*: sicher, er würde jetzt nicht von sich behaupten, dass er nicht manchmal anstrengend sei, „man ist eben keine unanstrengende person, wenn man in so einem business arbeitet", das sei doch klar. das werde ihm auch oft genug signalisiert. auch privat. „wenn deine umgebung um dich herum nämlich auf einem ganz anderen level ist, dann empfindet sie dich eben als anstrengend. muss doch nicht erklärt werden", er meine, müsse doch nicht näher ausgeführt werden.

die *key acount managerin*: sie kenne das, auch sie habe mit ihrem aktivismus schon viele verrückt gemacht. sie tue sich eben schwer, wenn sie einmal am arbeiten sei, damit wieder aufzuhören.

die *online-redakteurin*: „ja, aufhören ist nicht, wenn man mal in fahrt ist."

der *senior associate*: und dann werde arbeitssucht behauptet, als könnte man das so einfach sagen.

der *it-supporter*: „ja, plötzlich hast du den schwarzen peter."

der *senior associate*: und dann werde arbeitssucht behauptet, da nennten sie einen einfach krank, dabei stimmte das ja gar nicht. er würde zumindest keine arbeitssucht bei sich feststellen können, bzw. sei er ja kein junkie, zumindest nicht im herkömmlichen sinn. er litte nicht unter entzugserscheinungen, würde er keine arbeit haben. das nehme er zumindest an, denn, wenn er es so recht überlege, sei immer arbeit da.

die *key acount managerin*: und dann werde arbeitssucht behauptet, dann werde gesagt: „sie schlafen ja gar nicht mehr. sie werden schon sehen." da heiße es schon mal „kreislaufzusammenbruch", da heiße es schon mal „nervenzusammenbruch", wenn man nicht aufpasse –

der *it-supporter*: und dann werde arbeitssucht vorgeschlagen, so als interpretation seiner lage, als antwort auf alle fragen, als ob man mit dieser erklärung alle fragen an die wand schmettern könne. dabei sei das so ziemlich unsinnig.

zuerst beauftragten sie einen rund um die uhr auf der messe zu bleiben, und dann würfen sie einem das vor, wenn man es mache und nennten es krank.

der *partner*: also er könne jetzt nicht mit bestimmtheit sagen, ob er arbeitssüchtig sei oder nicht, d.h. er könne nicht mit bestimmtheit eine arbeitssucht ausschließen, aber welcher mensch wolle diese entscheidung noch treffen. „viel interessanter ist doch: warum nennen sie einen arbeitssüchtig und wann tun sie das?"

– und außerdem: man ist ja nicht direkt hierher entführt worden, nein, das kann man nicht sagen, man ist ja aus freien stücken hierhergelangt.

– nein, von einer entführung kann man nicht reden.

– nein, also wirklich nicht.

– na also.

– wenn, dann müsste es sich um eine länger angelegte entführung handeln, also eine, die schon länger am laufen ist.

18. das gerät (der partner und der senior associate)

der *partner*: ja, so ein bisschen was von gehirnwäsche habe es schon, wenn man sich hier länger aufhalte, aber ein bisschen was von gehirnwäsche müsse es auch haben, das sei ja der sinn der sache, das sei ja das programm jeder messe, sonst mache man ja auch keine geschäfte (lacht). aber mit der zeit komme man dann doch auf seltsame gedanken. da müsse man nur aufpassen, dass es sich nicht auf einen übertrage, diese ganze irrsinnsstimmung hier. dass man sich nicht verrückt machen lasse, denn mit der zeit komme man eben auf so seltsame gedanken, mit der zeit träten einige störungen auf, so wahrnehmungsstörungen. ja, da komme es zu kognitiven dissonanzen, wenn man nicht achtgebe, auch mit dem gedächtnis. aber um ihn müsse man sich wirklich keine sorgen machen, nein, er sei nur ein wenig überspannt, und da könnten schon die nerven mit einem etwas durchgehen – wie gesagt: er denke jedenfalls, man solle sich nicht verrückt machen lassen, auch er habe sich wieder im griff, ja, da müsse man sich keine sorgen machen.

der *senior associate*: „ein bisschen was von gehirnwäsche hat das ganze schon, wenn man sich hier länger aufhält", habe der gesagt, nachdem der so völlig ausgeflippt sei – schön für ihn, nur, auf so gehirnwäsche habe er eben keine lust, er wolle nicht durch jede gehirnwäsche gehen, aber es sehe so aus, als müsste er. wahrscheinlich werde er hier wieder ausgetestet. testfahrten habe er ja schon genügend gemacht, natürlich, das seien ja auch ständig testprozesse, die man da durchlaufe. könnte man nicht doch ein wenig schneller sein? könnte es nicht doch etwas effizienter ablaufen? wo könnte man den arbeitsprozess noch optimieren? „und dann wirst du selbst getestet: hast du ein starkes nervenkostüm oder nicht? ja, das nervenkostüm testen sie dauernd aus an einem. ständig hast du führungsgespräche mit deinem mentor. ständig werden interviews mit den leuten rund um dich gemacht: ‚na, arbeitet er gut, macht er es richtig. wie siehts aus mit frustrationstoleranz und teamfähigkeit?'" da würden 20-seitige auskunftsbroschüren über einen erstellt, und auch seine sekretärin und seine teammitarbeiter würden befragt und müssen das dann unterschreiben. das gehe immer gleichzeitig nach oben und nach unten – auch diesbezüglich könne man seinem unternehmen nun wahrlich kein hierarchisches vorgehen vorwerfen –

sie sagten: „der herr bender, der ist jung, der ist ehrgeizig, der ist schnell. aber der muss sich wohl erstmal die hörner abstoßen. in zukunft muss man ihm stärker auf die finger gucken". und er sage: „gut, machen sie das nur! ich habe nichts zu verbergen."

sie sagten: „der herr bender, der werde das schon überleben, das könne man dem schon zutrauen, der kriegt das wieder hin, aber der hat die sache anfangs nicht richtig angepackt, und außerdem steckt er da in einer angelegenheit drin, die ist juristisch nicht ganz korrekt, da hat er zu wenig distanz bewiesen. aber trotzdem wird er das überleben. wir wissen nur nicht, wie weit können wir da mitgehen".

und dann sagten sie: „so jemanden wie den herrn bender können wir uns eben nicht leisten, aber das weiß der selbst. der wird das verstehen, der hat ja genügend erfahrung: dass man da nicht ewig mitgehen kann. wir geben dem mal die schlechteren aufträge, dann wollen wir sehen. wir geben ihm nur anfänger in sein team, wir geben ihm die schwierigen leute, dann wird er es schon verstehen." und er sage nur: „ich kann das schon handeln."

sie sagten: ‚das versteht er noch immer nicht. wir müssen dem das klarer vermitteln, dass er sich zurückziehen soll, denn rein arbeitsrechtlich können wir uns das nicht leisten, den vor die tür zu setzen, das geht nicht. aber man wird ihm um himmels willen zu verstehen geben können, dass er zu verschwinden hat."

sie sagten: „anscheinend kann man nicht. dann geben wir ihm noch zusatzarbeiten, bis er zusammenklappt. wir werden ihm zusätzlich ressourcen entziehen, dann wird er es schon merken."

ja, die rechneten damit: „der herr bender, der ist anfang 30, der wird einfach zusammenklappen", das sagen die sich, „der wird das rein physisch nicht packen, der hat kein rechtswissen, und der hat auch keine erfahrung in dieser angelegenheit", das sagten die sich. und er sage nur: „gut, schickt mich hierher, dann mach ich auch noch den zusatzjob!"

aber dass man gesagt bekomme: „du bist in sechs monaten nicht mehr hier!" das habe ihn schon frustriert, und so könne er jetzt immer nur sagen: „seht her, ich bin noch immer da!"

der *partner*: ja, warum nennten sie einen arbeitssüchtig? das sei eine gute frage, da lohne es sich schon, eine weile drüber nachzudenken. so einfach lasse sich ja sowas nicht mehr behaupten, aber man mache es manchmal, wenn jemand seine zeit fast vollständig mit arbeit verbringe. da kursierten so vorstellungen, da würden plötzlich sauber getrennt die arbeitszeiten von den freizeiten, als ob man das noch könnte. also er müsse sagen, er finde diese vorstellungen seltsam, um nicht zu sagen, so ziemlich absurd.

„nein, man nennt jemanden arbeitssüchtig, wenn etwas nicht funktioniert. wenn alles gut läuft, nennt man einen nicht arbeitssüchtig. arbeitssüchtig nennt man nur den, bei dem etwas schiefläuft, bei dem die projekte nicht mehr klappen. arbeitssüchtig nennt man jemanden, der übermüdet aussieht, der schweißausbrüche kriegt. wo man eben schon sieht: der packt es nicht mehr. der hat das typische herz-kreislaufsyndrom, der kriegt bald ein lungenkarzinom, so wie der kette raucht, der kaum noch schläft."

aber bei ihm träfe das alles nicht zu: er bekomme keine schweißausbrüche, er habe kein herz-kreislauf-syndrom, er rühre keine zigarette an, und seine frau rufe ihn auch täglich an, um sich zu vergewissern. ja, er sei absolut gesund. von dieser seite könne man ihm also nicht kommen. aber kämen sie andauernd, und zwar mit der begründung, dass ein reibungsloser ablauf nicht mehr zu sehen sei. „und dann frage ich die: ,ja, ist man denn etwa der einzige, der hier am arbeiten ist?'"

sie aber sagten sich: „ja, aber herr gehringer, der arbeitet nur noch. den sieht man immer im büro. kommt man morgens rein, ist er der erste, der dasitzt, geht man abends, ist er der letzte. man weiß eigentlich nicht, geht der überhaupt noch nach hause?" das fragten die sich schon, weil die kriegten sowas ja schon mit. dass er tatsächlich nicht nach hause gehe. warum? weil er zuhause nichts verloren habe, sondern da, auf seinem arbeitsplatz. weil er zwar nicht der einzige sei, der für einen reibungslosen ablauf verantwortlich sei, aber letztendlich der sei, der die verantwortung tragen müsse.

das wüssten sie auch, sie aber sagten sich: „der herr gehringer zieht gerade seine scheidung durch, der ist nicht mehr so effizient wie früher, der packt es nicht mehr, auf den kann man sich nicht mehr verlassen, der zieht nur noch solche projekte an land, in denen man aufgerieben wird." sicher, wenn man ihm nicht zuarbeite, wenn sie die arbeit nicht ordentlich machten, dann werde es wohl kein wunder sein.

auch das sei ihnen bekannt, doch sie besprächen sich: „den herrn gehringer, den darfst du im augenblick nicht ansprechen, der wird dir keine antwort geben, der flippt gleich aus oder hält sich ohnehin nur bedeckt. also gehen wir mit dieser sache mit belting auch nicht hin. "

ja, wenn man ihn nicht informiere, sage er mal, kein wunder – sie aber blieben dabei: „der herr gehringer, der ist überhaupt nicht mehr ansprechbar. dem sagen wir lieber nicht, was sache ist" – er wisse, die glaubten daran: „ach, der herr gehringer, der lebt auf seinem eigenen planeten, den rühren wir besser nicht an, aber irgendwann kippt der uns noch vom stuhl, irgendwann packt er es nicht mehr. den müssen wir langsam aufs altenteil hieven, ohne dass er es merkt. wir müssen den langsam abservieren, ohne dass er es richtig mitkriegt. "

da könne er nur sagen: „ja, haltet ihr mich für einen idioten?" und er wisse, eine antwort kriegt er darauf nicht. er wisse, man wolle ihn loswerden, man rechne mit seinem abtreten, man habe regelrecht daran gearbeitet, aber man habe es eben nicht geschafft.

abschließend wolle er sagen: „nein, so geht es nicht. "

abschließend wolle er sagen: seine effizienz wolle er jetzt aber lieber nicht in frage gestellt sehen, nein, das wolle er nicht.

der *senior associate*: abschließend wolle er jedem hier klar machen: er lasse sich diesbezüglich nicht ans bein pinkeln, nicht von diesen gestalten. er habe eine menge wert generiert fürs unternehmen, und auch wenn das von unternehmensseite schnell vergessen werde, er vergesse es nicht!

ja, abschließend wolle er sagen: so leicht werde man ihn nicht los.

– als antwort? als antwort kam dann nichts. antworten kriegst du ja nicht.
– als antwort? hören sie auf! einen vorstand von daimler-chrysler interessiert sowas nicht.
– ja, auch der vorstand von mannesmann hört sich sowas nicht an.

Aus: Kathrin Röggla, Wir schlafen nicht. © S.Fischer Verlag GmbH, Frankfurt a.M. 2004

Clara Schlichtenberger

Das Alter kommt in die Gesellschaft zurück

Talkrunde 2, moderiert von Ursula Weidenfeld,
mit Cornelia Koppetsch, Stephan Lessenich, und
Kathrin Röggla

Bezugnehmend auf seinen Vortrag führte Stephan Lessenich aus, dass im 5. Altenbericht der Bundesregierung die Potenziale des Alters im Vordergrund standen, während im 6. Altenbericht die Verpflichtung, diese Potentiale zu heben, betont würde. Das Alter komme in die Gesellschaft zurück, das Alter werde öffentlich. Das bedeute aber nicht unbedingt eine eigenständige Würdigung des Alters, sondern es entstünde eine neue Norm des Alterns. Die gesellschaftliche Anerkennung werde gekoppelt mit der Nutzung, z.b. im bürgerschaftlichen Engagement.

Cornelia Koppetsch sah das Verbindende zwischen ihrem und Lessenichs Vortrag in dem nachlassenden Vertrauen in staatliche Leistungen. Bildung, Sicherheit und Gesundheit werden nicht mehr automatisch staatlicherseits zur Verfügung gestellt, sondern man habe den Eindruck, dass man sich selbst darum kümmern müsse. Das zeige sich z.B. in den abnehmenden Krankenkassenleistungen und in dem völlig in Misskredit geratenen öffentlichen Schulsystem.

Lessenich sah als das Verbindende in beiden Vorträgen das „Mittelschichtige". Das „gute Altern" sei eine Mittelschichtsvision und eine Abwertung des Ruheständigen.

Kathrin Röggla ergänzte, dass ihre Generation sowieso mit einer rasant steigenden Altersarmut rechne.

Weidenfeld fragte, ob es sich nicht um eine schöne Erzählung handele, wenn man das aktive Altern beschwöre, nach dem Motto „ihr könnt es noch". Lessenich antwortete, dass die Adressaten dieser Visionen die Generation von Frau Röggla sei, also z.B. der Jahrgang 1971.

Koppetsch ergänzte, dass man aber auch Machtverhältnisse benennen könne. Für den Mittelstand bedeute das, den eigenen Altersstatus anzunehmen: Man nehme Teil an einem Konkurrenzkampf um Lebenschancen, der das Resultat einer Privatisierung von Chancen ist. Im Moment, wo man eine

Entstaatlichung erlebe, werde die Konkurrenz härter. Das Fahrstuhlmodell habe für den Mittelstand ausgedient. Wo man sich individuelle Vorteile erkämpft habe, müsse man in Kauf nehmen, dass das System wie ein Bumerang auf einen zurückfalle. Ein neues Vokabular müsse gefunden werden, um diese Umbruchsituation, in der wir uns befinden, zu beschreiben. Die derzeitigen oktroyierten Benennungen, schaffen Herrschaftsverhältnisse und verschleierten sie zugleich.

Sprache und Deutungsweisen müssten noch gefunden werden, führte Lessenich aus. Es sei eine der Kernaufgaben der Soziologie, Normalitäten in Frage zu stellen. Die Gesellschaft müsse lernen, Differenzen auszuhalten. Ältere Menschen seien jetzt schon sehr freiwillig aktiv, doch hätte wohl jeder Bedürfnis, im Alter nach eigenen Vorstellungen zu leben und nicht nach den Sonntagsreden von Politikern.

Norbert Breutmann

Konzentriert arbeiten und entspannen in Balance

Arbeitsschutz in Zeiten sich wechselseitig durchdringender Lebenswelten

Auch aus der Sicht der Arbeitgeber stellt sich natürlich die Frage, wie wir die Arbeit in Zukunft so gestalten können, dass sie den modernen Ansprüchen entspricht, dass sie sowohl flexibel als auch für alle zufriedenstellend ist. Die folgenden Aspekte sollen in diesem Beitrag beleuchtet werden:

- die veränderten Ansprüche junger und künftiger Beschäftigter,
- moderne Arbeitsformen und Arbeitgeberinteressen,
- die Gestaltung moderner Arbeit – u.a. Unternehmenskultur, und Führungskultur
- die Grenzen betrieblicher Prävention und abschließend
- die Entwicklungen, die im Zusammenhand mit der Verhältnis- und der Verhaltensprävention stattfinden.

Die veränderten Ansprüche junger und künftiger Beschäftigter

Ein Expertenworkshop der Deutschen Gesellschaft für Personalführung widmete sich der so genannten Generation Y, den jungen Menschen, die zwischen den Jahren 1980 und 2000 geboren sind. Bei dieser Generation handelt es sich um meist gut ausgebildete, gut informierte und sehr selbstbewusste junge Leute mit einer großen Affinität zu den sozialen Mediennetzen. Sie kennen die Folgen der demografischen Entwicklung, wissen, dass ein Mangel an Fachkräften herrscht und sind sich Ihres hohen „Marktwertes" voll bewusst.

Für die Arbeitgeber ist es außerordentlich wichtig, die Ansprüche dieser Generation zu kennen, um sich darauf einzustellen und die Arbeitsplätze attraktiv zu gestalten. Dazu gehört es auch, den Wertewandel wahrzunehmen, der sich in den letzten 10 bis 20 Jahren vollzogen hat. War früher das Niveau der Bezahlung der ausschlaggebende Aspekt, so ist der finanzielle Anreiz heute nur bedingt motivierend. Natürlich soll die Bezahlung als angemessen – als vergleichbar und leistungsgerecht – empfunden werden, doch wichtiger als ihre Erhöhung sind andere Kriterien: Die Arbeit soll nicht nur interessant sein und Spaß machen, sondern auch einen Sinn haben. Der Qualität des Arbeitsklimas wird große Bedeutung beigemessen, aber auch der Förderung durch herausfordernde Aufgaben, durch Aufstiegs- und Entwicklungsmöglichkeiten und durch Weiterbildung. Bei der Weiterbildung ist man übrigens nicht nur auf die Angebote des Arbeitsgebers fixiert, sondern findet auch eine hohe Bereitschaft, diese eigenverantwortlich zu organisieren und sich auf diese Weise Wege zu öffnen, die auf eine geplante spätere Karriere hinführen.

Wie das Fraunhofer IAO prognostiziert, wird eine gute *work-life-balance* zunehmend zum Statussymbol. Denn viele Mitarbeiter und Mitarbeiterinnen finden es völlig normal, in der Arbeitszeit dann und wann Privates zu erledigen, aber bei Bedarf auch nach Feierabend oder am Wochenende zu arbeiten. Man beobachtet eine Entwicklung zum *work-life-blend*. Fließende Übergänge zwischen Arbeit und Freizeit sind nichts Ungewöhnliches mehr, das wird zum Lebensbild dieser Generation gehören. Man möchte eben alles: Anerkennung in der Arbeit, aber auch die Zeit für Privates, man möchte mobil und flexibel arbeiten – jede und jeder nach einem Modell, das dem eigenen Bedürfnis entspricht. Diese jungen qualifizierten Arbeitskräfte haben im Prinzip ein Lebensmotiv: „Tausche gute Arbeit gegen hohe Flexibilität". Diese Forderung nach einer Vereinbarkeit von Arbeit, Familie und Freizeit sollte von Unternehmen und der gesamten Gesellschaft akzeptiert und gefördert werden. Denn diese Menschen müssen nachher das Brutto-Sozialprodukt gewährleisten, das uns dann die Rente sicher macht.

Das Résumé der Gesellschaft für Personalführung lautet: „Die Bereitschaft, hart und zuverlässig zu arbeiten, muss mit den Möglichkeiten, flexibel über die eigene Zeit zu verfügen, belohnt werden."

Moderne Arbeitsformen und Arbeitgeberinteressen

Moderne Arbeitsformen sind natürlich ebenfalls im Interesse der Arbeitgeber. Doch auch die traditionellen Arbeitsformen, die es mit Sicherheit in der Produktion noch sehr lange geben wird, müssen entsprechend gestaltet werden.

Die flexiblen Arbeitsformen sind besonders vorteilhaft für die Optimierung der Beziehungen zu den Kunden. So stehen in Beratungssituationen dank der modernen Arbeitsmittel – z.B. des Internets und der Clouds – jetzt die notwendigen Informationen schnell und umfangreich an jedem Ort komplett zur

Verfügung. So können Kunden direkt kompetenter umfassend beraten werden und damit wird deren Zufriedenheit sichergestellt. Auch die Bereitstellung der Leistungen kann kundenfreundlicher organisiert werden, weil sie nicht mehr unbedingt an Bürozeiten gekoppelt ist. So ist es eindeutig von Vorteil, wenn die Beschäftigten bereit sind, auch abends noch Kundenkontakte zu pflegen, Telefonate zu führen, mit Leuten, die sonst nicht die Gelegenheit haben, in der Geschäftsbeziehung aktiv zu werden, weil sie tagsüber woanders gefordert werden. Insofern kann man hier von einer *win-win-win*-Situation sprechen: Arbeitgeber, Arbeitnehmer und Kunden profitieren davon.

Natürlich gibt es auch finanzielle Gründe, die für die modernen Arbeitsformen sprechen: Man kann Kosten für Bürofläche, Heizung und Energie sparen. Zudem wurde in einer Studie, die von Microsoft durchgeführt wurde, festgestellt: Flexibel arbeitende Beschäftigte geben an, außerhalb des Büros wesentlich produktiver arbeiten zu können, weil sie sich dann deutlich besser konzentrieren können. Es ist ja bekannt, dass die häufigen Unterbrechungen durch Telefon etc. im Büro dem konzentrierten Arbeiten wenig dienlich sind. Insofern ist die Mischung einer Heimtätigkeit mit einer Bürotätigkeit für viele der beste Weg.

Ein weiterer positiver Effekt der modernen Arbeitsformen besteht darin, dass diese zur Bindung der Fachkräfte an das Unternehmen beitragen können. Da die jungen Leute den Erhalt und den Ausbau ihrer Kompetenz – möglichst durch eigene Initiative – verinnerlicht haben, kommt es ihnen entgegen, wenn das Unternehmen auch hierfür die Rahmenbedingungen schafft.

Die Formen flexibler Arbeit unterscheiden sich beträchtlich. Das Office 21 des IAO definiert sechs Arten flexibler Arbeitsformen:

- Bei der mobilen Telearbeit findet die Arbeit dort statt, wo es zweckmäßig erscheint – z.b. im Büro des Kunden, zuhause (im *home office*) oder im Zug.
- Bei der Teleheimarbeit wird ausschließlich im home office gearbeitet.
- Bei der alternierenden Telearbeit wechselt der Arbeitsplatz zwischen zuhause und dem Büro.
- Bei virtuellen Unternehmen handelt es sich um eine Kooperation von mehreren rechtlich unabhängigen und räumlich getrennt arbeitenden Personen und/oder kleinen und mittleren Unternehmen.
- In Satellitenbüros wird die Telearbeit in einem wohnortnahen Büro, das nur von einem Unternehmen genutzt wird, geleistet.
- In einem Co-Working-Center, einem wohnortnahen Büro, arbeiten Beschäftigte mehrerer Unternehmen und auch Selbständige.

Welche dieser Arbeitsformen günstiger oder weniger günstig sind für eine menschengerechte Gestaltung im herkömmlichen arbeitswissenschaftlichen Sinne, wird am Ende dieses Beitrags diskutiert werden.

Die Gestaltung moderner Arbeit

Da es eine beträchtliche Anzahl von Neuerungen im modernen Arbeitsleben gibt, sollte erwogen werden, auf welche Weise diese so genutzt werden können, dass sie für alle von Vorteil sind. Dabei sind Überlegungen anzustellen, welche Elemente welche Wertigkeit haben. Zu den Elementen, die sorgfältig überprüft werden sollten, zählen die Unternehmenskultur (mit besonderem Augenmerk auf die Führungskultur), die Regeln im Umgang mit den täglichen Herausforderungen für die Beschäftigten (z.b. die Informationsmengen, die Verfügbarkeit außerhalb der Bürozeiten), die Fähigkeit der Beschäftigten zur Selbstorganisation und die gezielte Auswahl der Aufgaben und der Mitarbeiter und Mitarbeiterinnen für flexible Arbeitsformen. Von diesen Gestaltungsfeldern wird im Folgenden die Rede sein.

Die Voraussetzung für einen Umgang mit den neuen Strukturen, der dem Anspruch an eine Unternehmenskultur gerecht wird, ist die behutsame, gut vorbereitete und von Trainingsmaßnahmen begleitete Einführung solcher Neuerungen. Eine wichtige Erkenntnis dabei ist, dass nicht jede Mitarbeiterin und jeder Mitarbeiter und auch nicht jede Tätigkeit sich für flexible Arbeitsformen eignen.

Tätigkeiten, die sich nach den IAO-Empfehlungen für solche Veränderungen eignen, zeichnen sich durch die folgenden Eigenschaften aus:

- Sie setzen ein gewisses Maß an Autonomie der Beschäftigten und wenig Bedarf an persönlicher ad-hoc Kommunikation voraus.
- Die Aufgaben sollten eindeutige Zwischenziele/Meilensteine haben und so beschaffen sein, dass die endgültigen Ziele und Ergebnisse klar definiert sind.
- Der Arbeitsfluss sollte vollständig durch elektronische Medien gestützt, der Bedarf an nicht-elektronischen Ressourcen also äußerst gering sein.

Weiterhin empfiehlt das IAO, im Sinne einer guten Führungskultur auf die Qualität der Unternehmenskommunikation zu achten und ein möglichst hohes Maß an Transparenz herzustellen. Dafür sind die Einrichtung von Kommunikationsmöglichkeiten und -räumen ebenso wichtig wie klare Absprachen. Diese Absprachen sollten – wie der Begriff es beinhaltet – im Team gemeinsam entwickelt und geprüft werden. Auf diese Weise können sie zu einem Pfeiler einer „Vertrauenskultur" werden, für die es aber auch weitere Voraussetzungen gibt: Geduld bei der Einführung des Systemwechsels, die Vermeidung von Übercontrolling durch zusätzliche Kontrollroutinen für Geleistetes und das gemeinsame Besprechen kritischer Vorkommnisse.

Unabdingbar für die erfolgreiche Einführung der neuen Systeme und ein sicheres Zeichen einer angemessenen Führungskultur ist die Auswahl geeigneter Mitarbeiterinnen und Mitarbeiter. Diese sollten flexibel und teamfähig, zuverlässig und vertrauenswürdig, selbständig und eigenmotiviert und auch diszipliniert und zielorientiert sein. Weiterhin sollten sie die Fähigkeit besitzen, unkontrolliert und ohne Gruppenzwang zu arbeiten, sich selbst und ihre Zeit zu organisieren, effektiv zu kommunizieren und Probleme kompetent zu lösen. Termintreue, Technikverständnis und Berufserfahrung zählen ebenso zu den erwünschten Eigenschaften. Nicht zuletzt müssen die Lebensumstände stimmen: Das häusliche Umfeld soll nicht nur gute räumliche Voraussetzungen bieten, sondern auch emotional von der Akzeptanz durch die Familie bestimmt sein.

Ganz besondere Sorgfalt muss auf die Auswahl der Führungskräfte verwandt werden. Das Spektrum der Fähigkeiten, über die sie verfügen sollten, ist beträchtlich: Sie sollten die Fähigkeit besitzen, den Mitarbeiterinnen und Mitarbeitern Vertrauen entgegen zu bringen, ihnen Aufgaben zu delegieren und ein gutes Feedback zu geben, sie sollten gut motivieren und kommunizieren können, zudem sollten sie klare Ziele formulieren, Fähigkeiten und Leistungen bewerten und ergebnisorientiert führen können. Darüber hinaus sollten Führungskräfte flexibel reagieren können und auf fachlicher Ebene sowohl im Projektmanagement als auch im IT- und Telekommunikationsbereich über besondere Kenntnisse verfügen.

Betriebliche Prävention
Chancen und Grenzen

Im Arbeitsschutz sind seit geraumer Zeit – gerade auch im Zusammenhang mit den modernen Arbeitsformen – die arbeitsbedingten psychischen Belastungen sowie die Zunahme von psychischen Störungen bei Beschäftigten zum Thema geworden. Im IGA-Faktenheft „Psychische Gesundheit im Erwerbsleben" werden psychische Störungen als das Ergebnis von Wechselwirkungen von belastenden Ereignissen oder von belastenden Lebenssituationen gesehen, die zudem stark mit einer bestimmten individuellen Verletzlichkeit verbunden sind. Als positiver Einflussfaktor gilt – neben den persönlichen Möglichkeiten der Bewältigung – der soziale Rückhalt im privaten, gesellschaftlichen und eben auch im betrieblichen Bereich. Letzterer, der soziale

Rückhalt im betrieblichen Kontext, ist das Gebiet, auf dem wir in den Unternehmen versuchen sollten, positiven Einfluss zu nehmen. Das kann auf zwei Ebenen geschehen: auf der Führungsebene und innerhalb eines jeden Teams.

Dabei geht es zunächst darum, die im Arbeitsschutzgesetz § 5 geforderte Beurteilung der Gefährdung vorzunehmen, also die generelle psychische Belastung, die aus der Gestaltung der Arbeit entsteht, zu eruieren. Sowohl die Tätigkeit, die Arbeitsaufgabe, sollte daraufhin untersucht werden als auch die Organisation der Arbeit. Maßstab muss dabei immer die menschengerechte Gestaltung von Arbeit sein.

Leider befinden wir uns hier noch auf einem Gebiet, bei dem die Handlungssicherheit in noch zu vielen Bereichen fehlt. Zum einen ist der Erkenntnisstand noch unzureichend – z.b. was die vernetzten kognitiven Anforderungen bei komplexen Tätigkeiten und die Steuerung der Informationsmengen im Bürobereich betrifft – und zum anderen sind die Vorgehensweisen zur Gefährdungsermittlung und Maßnahmenableitung umstritten. Niemand kann im Moment mit Sicherheit sagen, wie die moderne Arbeit so zu gestalten ist, dass langfristig keine Erkrankungsrisiken auftreten. Hier besteht dringender Forschungsbedarf.

Der BKK-Gesundheitsreport hat die Arbeitsunfähigkeitstage, die durch psychische Störungen verursacht wurden, nach Berufsgruppen zusammengestellt. (Abb. 1)

Abbildung 1: „Trend psychische Gesundheit Beschäftigter und Auswirkungen"

BDA
DIE ARBEITGEBER

Trend psychische Gesundheit Beschäftigter und Auswirkungen
BKK Gesundheitsreport 2011 – Branchen/Tätigkeitsunterschiede
Krankheitsart „Psychische Störungen"

Berufsgruppe	AU-Tage je 100 beschäftigte Mitglieder:	Besonderheiten offene Fragestellungen
Helfer in der Krankenpflege	332	Hoher Frauenanteil; emotionale Belastungen
Eisenbahnbetriebsregler, -schaffner	261	Schwieriger Kundenkontakt, Emotionen, Verantwortung, Störungen, Nachtarbeit
Elektroteilemontierer	247	Hoher Frauenanteil; Monotonie
Wächter, Aufseher	237	Emotionale Belastung; Verantwortung
Naturwissenschaftler	48	Überstunden und „Entgrenzung" häufig
Apotheker	69	Überstunden und Verantwortung häufig
Augenoptiker	80	Überstunden und Verantwortung häufig
Datenverarbeitungsfachleute	119	Moderne Arbeitsformen, „Entgrenzung", Störungen, Zeitdruck

Norbert Breutmann | Psychische Gesundheit | 8. November 2012   17

Es überrascht keineswegs, dass die häufigsten Erkrankungen mit psychischen Diagnosen in Berufen auftreten, die neben den berufsspezifischen auch durch hohe emotionale Belastungen gekennzeichnet sind, und dass die wenigsten Arbeitsunfähigkeitstage bei sehr sachbezogenen und eher eigenverantwortlich organisierten Berufen auftreten. Die Angaben zu den Datenverarbeitungskräften liegen in dieser Aufstellung am oberen Rand des unteren Feldes. Was aber auch deutlich wird, ist der Umstand, dass die Mischung aus hoher Mobilität (Dienstreisen), Überstunden durch Projektmanagement und ein hoher Anteil an mobiler Kommunikation – Beispiel Ingenieure – anders als in öffentlichen Medienberichten wiederholt dargestellt, offensichtlich nicht zu vermehrten psychischen Störungen führt. Dagegen fällt auch auf, dass die Berufsgruppen mit einfachen Tätigkeiten (Schaffner, Wachschutz, Montierer) und sehr unterschiedlichen Tätigkeitsprofilen scheinbar ein höheres Risiko besitzen, psychische Störungen zu bekommen. Hier muss in Analysen ermittelt werden, welche arbeitsbedingten Faktoren jeweils zur Wirkung kommen, aber auch, welchen Einfluss die in der wissenschaftlichen psychologischen Literatur hervorgehobenen Probleme mit der Lebensbewältigung an sich (mehr im privaten Bereich) dabei spielen.

Belastungen sind dann erträglich und ohne negative gesundheitliche Folgen, wenn nach Phasen der Anspannung eine schnelle vollständige Erholung (Aufbau von persönlichen Ressourcen) erfolgt. Deshalb kommt der individuellen Erholungsfähigkeit eine bedeutende Rolle zu. Eine interessante Studie hat diesen Zusammenhang untersucht und gezielt nach Hemmnissen, die sich der individuellen Erholung entgegenstellen, gefragt. Der LIA.NRW.Fakten 07.2012 benennt die folgenden Hemmnisse. (Abb. 2)

Abbildung 2: „LIA.NRW.Fakten 07.2012: Gedanken an die Arbeit beeinträchtigen die Erholung"

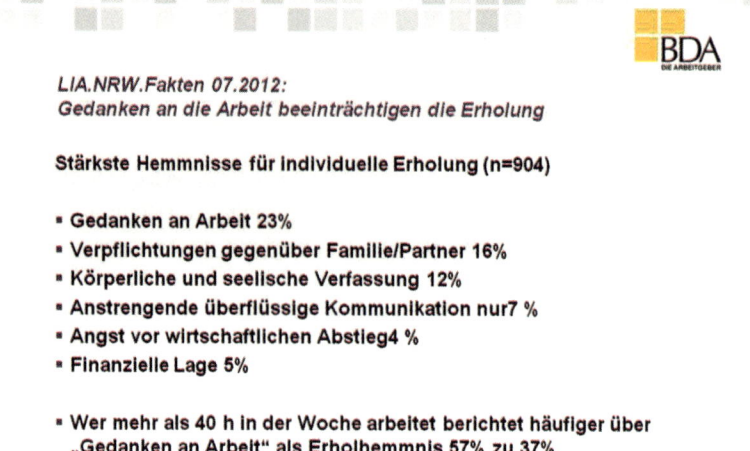

In dieser Tabelle überrascht, dass von den 904 Befragten nur ein geringer Prozentsatz wirtschaftliche Sorgen anführte, fast ein Viertel hingegen die Gedanken an die Arbeit als Hemmnisse für die Erholung benennt. Es stellte sich dabei heraus, dass die „Gedanken an die Arbeit" unabhängig von der Organisationsform der Arbeit auftraten, dass sie nahezu gleichermaßen bei Beschäftigten in traditionell und in flexibel organisierten Arbeitsformen als Hemmnisse zur Erholung gelten.

Festzuhalten ist hier, dass weiterer Bedarf an Aufklärung zu den Zusammenhängen von mangelnder Erholung, Gesundheit und Leistungsfähigkeit besteht. Neue Konzepte der Erholung für flexible Formen müssen erforscht und entwickelt werden. Neben der Optimierung von erholungsförderlichen Arbeitsbedingungen können auch individuelle Trainings helfen, denn Personen, die gut abschalten können, erholen sich besser.

Von der Verhältnisprävention zur Verhaltensprävention?

Um diese Frage kommt man nicht herum, wenn die neuen Arbeitsformen betrachtet werden. Es gehört ja zu ihren Besonderheiten, dass sie sich durch hohe Komplexität auszeichnen, und besondere Dynamik und Flexibilität nicht nur erforderlich sind, sondern auch dem Lebensmodell und dem Wunsch vieler dieser Beschäftigten entsprechen. Das trifft sehr häufig auch auf die Verwischung der Grenzen zwischen Arbeit und Freizeit zu.

Bezogen auf den Arbeitsschutz heißt das, dass Vieles aus dem direkten Einflussbereich der Arbeitgeber herausfällt. Das bedeutet, dass die Prävention durch eine Optimierung der Arbeitsbedingungen und der Arbeitsorganisation von dieser Seite – also durch die Verhältnisprävention – eingeschränkt ist.

Im Gegenzug gewinnt die Art und Weise, wie die Beschäftigten ihr eigenes Verhalten auf die Erhaltung und Förderung ihrer Gesundheit ausrichten, an Bedeutung. So ist ein hohes Maß an Eigenverantwortung gefordert, wenn es darum geht, eine Balance zwischen den Phasen der Anspannung und der Entspannung zu schaffen – sowohl bei beruflichen Tätigkeiten als auch in der Freizeit. Ungestörte konzentrierte Arbeit und ungestörte Entspannung (ohne die permanente Erwartung von neuen Informationen) sollten selbstbestimmt organisiert und eingehalten werden.

Somit muss man die Frage nach einem Rückzug der Verhältnisprävention zugunsten der Verhaltensprävention zum Teil bejahen, aber nur zum Teil.

Denn auch auf Arbeitgeberseite müssen die Arbeitsverhältnisse neu justiert werden. Wichtige Stellgrößen sind dabei die Prozessorganisation und die Einsatzsteuerung. Es wird also darum gehen, die Kommunikationsprozesse zwischen den einzelnen Beschäftigten, innerhalb der Teams und der Führungsstrukturen bewusst zu gestalten. Bei der Projektarbeit sollten die Ziele an die veränderten Rahmenbedingungen angepasst und Nachsteuerungsmöglichkeiten vorgesehen werden. Regelmäßig sollte das Team sich über die Leistungssituation im Verhältnis zu den Ressourcen austauschen und dabei auch regemäßige *face-to-face*-Gespräche führen. So sollte es gelingen, den einzelnen Mitarbeitern und Mitarbeiterinnen die notwendige soziale Unterstützung auf gleicher Ebene zukommen zu lassen und ihre Verortung im Unternehmen zu festigen.

Zusammenfassend kann man sagen, dass gute, menschengerechte Gestaltung moderner „entgrenzter" Arbeit im Sinne des Arbeitsschutzes möglich ist, wenn viererlei Voraussetzungen geschaffen werden:

- eine stör- und veränderungsrobuste Arbeitsorganisation,
- gesundheitskompetente Mitarbeiter und Mitarbeiterinnen,
- eine sensible Personalführung und
- die Sicherung der sozialen Unterstützung durch persönliche Kontakte im Unternehmen.

Abschließend soll ein tabellarischer Überblick als eine Art Richtschnur dienen, um – sozusagen auf einen Blick – für jede der sechs vom IAO definierten
Formen flexibler Arbeit die gangbaren Wege zur Optimierung der Arbeitsbedingungen einzuschlagen. (Abb. 3)

Abbildung 3: „Gestaltbarkeit für Unternehmen im Sinne
menschengerechter Arbeit"

Gestaltbarkeit für Unternehmen im Sinne menschengerechter Arbeit

Art	Führung Face to Face	Soziale Unterstützung Teams	Eigenfähigkeiten
Mobile Telearbeit	Möglich - muss organisiert werden	Möglich - muss organisiert werden	Gefordert - Unterstützung ist leistbar
Teleheimarbeit	Sehr schwer möglich	Sehr schwer möglich, nur elektronische Wege	Maßgeblich Kompetenzbildung und Personalauswahl
Alternierende Telearbeit	Möglich - muss organisiert werden	Möglich - muss organisiert werden	Gefordert - Unterstützung ist leistbar
Virtuelles Unternehmen	Sehr schwer möglich	Sehr schwer möglich	Maßgeblich Kompetenzbildung und Personalauswahl
Satellitenbüro	Möglichkeit Hospitierung, regionale Besprechung	Sehr schwer möglich	Gefordert - Unterstützung ist schwer leistbar
Co-Working-Center:	Sehr schwer möglich	Sehr schwer möglich	Maßgeblich Kompetenzbildung und Personalauswahl

Norbert Breutmann | Psychische Gesundheit | 8. November 2012   25

Horst W. Opaschowski

Leben in Krisenzeiten

Weitsicht als Zukunftspflicht

In vielen Teilen der Welt ist zurzeit eine Krise der Politik zu beobachten. Weltweit verlieren die Bürger und Bürgerinnen ihr Vertrauen in die Fähigkeit der Politik, mit den Herausforderungen der Zeit fertig zu werden. In den internationalen Prognosen für die nahe Zukunft dominiert der Pessimismus: Die Welthandelsorganisation (WTO) spricht von Rezessionsrisiken und Handelsabschottungen (Protektionismus) als Wachstumsbremse. Und der Internationale Währungsfonds (IWF) stellt gar Vergleiche mit der großen Depression der dreißiger Jahre an. Im Zeitalter der Globalisierung wird Weitsicht zur Zukunftspflicht.

Auch für Deutschland gilt: Die derzeitige Situation lässt auf den ersten Blick wenig Raum für Zukunftszuversicht: Es gibt immer weniger Vollzeitbeschäftigte und immer mehr Teilzeitbeschäftigte. Hinzu kommen Millionen von Minijobbern. Und die Zahl der *working poor*-Beschäftigten, die mit einer Stelle nicht mehr über die Runden kommen, wächst ständig. In den letzten zehn Jahren hat sich die Zahl der Zweitjobber verdoppelt. Wenn diese Entwicklung so anhält, wird im Jahr 2030 jeder zweite Beschäftigte keine Vollzeitstelle mehr haben.

Die Wirtschaft wächst, der Lebensstandard steigt – doch die Bundesbürger und -bürgerinnen fühlen sich immer schlechter. Ein wachsender Anteil der Bevölkerung (2002: 33 Prozent, 2012: 38 Prozent) ist mit der eigenen Lebenssituation unzufrieden und zugleich davon überzeugt, dass die Lebensqualität in Deutschland im Vergleich zu früher eher geringer geworden ist (IPSOS/Opaschowski 2012). Die überwiegende Mehrheit der Deutschen vertritt mittlerweile die Auffassung: Für die junge Generation ist es in Zukunft viel schwieriger, ebenso abgesichert und im Wohlstand zu leben wie die heutige Elterngeneration. Insbesondere das Wohlstandsgefälle zwischen Stadt und Land gefährdet die soziale Stabilität in Deutschland. Die Sicherheit ist mittlerweile für die Deutschen wichtiger als die Freiheit. „Mit Sicherheit – mehr Freiheit" lautet die neue Leitlinie des Lebens. Dies bleibt nicht folgenlos. Folgende Zukunftstrends zeichnen sich bereits heute ab:

Zukunftstrend 1

0,5 x 2 x 3: Die Zukunftsformel der globalisierten Arbeitswelt

In letzter Konsequenz bedeutet Globalisierung auch Verteilung der Arbeit
rund um den Globus, also Arbeitsplatz-Export, ja Arbeitsplatz-Abbau. Und
für die übrigen verbleibenden Vollzeitbeschäftigten gilt: Ihre Arbeit wird immer intensiver und konzentrierter, zeitlich länger und psychisch belastender,
dafür aber auch – aus der Sicht der Unternehmen – immer produktiver und
effektiver. Die neue Arbeitsformel für die Zukunft lautet: 0,5 x 2 x 3, d.h. die
Hälfte der Beschäftigten verdient doppelt so viel und muss dafür dreimal so
viel leisten wie früher.

Zukunftstrend 2

Strategie der besten Köpfe
Zuwanderung als Zukunftspotential

Deutschland braucht in Zukunft mehr Zuwanderungstalente. Regionen,
Städte und Kommunen werden daher immer mehr um junge qualifizierte
und motivierte Nachwuchskräfte aus dem Ausland wetteifern. Dazu bieten
sie mehr als „harte" Standortfaktoren wie z.b. hohe Einkommen und Karrie-
remöglichkeiten. Als neuer Standortfaktor kommt in Zukunft die örtliche Toleranz für ethnische Minderheiten hinzu.

Zukunftstrend 3

Leben ist die Lust zu schaffen.
Die Leistungsexplosion der jungen Generation

Die Bundesbürgerinnen und -bürger vertreten die Auffassung, dass die
Leistungsgesellschaft die Wirklichkeit am treffendsten beschreibt: Die Leistungsgesellschaft lebt. Sie schafft erst die Voraussetzungen für eine lebens-
werte Zukunft. Die Leistungsorientierung des Lebens nimmt vor allem bei
der Jugend fast explosionsartig zu. Beinahe erdrutschartig geht inzwischen
der Anteil der Hedonisten, die „nur" ihr Leben genießen wollen, zurück.

Zukunftstrend 4

Die Frauen kommen mit Macht.
Die Arbeitswelt wird weiblicher.

2030 wird jeder dritte Spitzenjob mit einer Frau besetzt sein. Die männlichen „Helden der Arbeit" verlieren ihre Privilegien. Frauen bekommen zunehmend größere Berufschancen, weil sie immer besser qualifiziert sind und die Männer teilweise übertreffen. Bundesweit erzielen Mädchen und junge Frauen schon heute bessere Schulabschlüsse als ihre männlichen Kollegen. Zur Frage der Vereinbarkeit von Beruf und Familie gesellt sich die Frage der Vereinbarkeit von Frauen- und Männerrollen. Wer ‚spielt' in Zukunft die Hauptrolle der Versorgenden und wer die Nebenrolle der Zuverdienenden?

Zukunftstrend 5

Re-Start mit 50
Die Wirtschaft braucht wieder ältere
Arbeitnehmer und Arbeitnehmerinnen.

Zum demografischen Wandel in der Gesellschaft gesellt sich in den nächsten zwanzig Jahren ein grundlegender Beschäftigungswandel in der Arbeitswelt. Dann heißt es nicht mehr: „Mit 50 zum alten Eisen", sondern: „Re-Start mit 50!" Die Wirtschaft braucht wieder ältere Beschäftigte. Die 50-plus-Generation bekommt ihre zweite Chance. Die Nachhaltigkeit ist dann wieder mehr gefragt als die Kurzfristigkeit – mehr langfristige strategische Planung und weniger kurzfristiges Renditedenken.

Zukunftstrend 6

Comeback mit 65
Zuverdienst statt Altersarmut

Die gesetzliche Altersgrenze wird von immer mehr Menschen als Zwangsrente mit Fallbeilcharakter empfunden. Die Deutschen wollen in Zukunft ihre Altersgrenze selbst bestimmen und den Übergang in den Ruhestand flexibel gestalten. Fast drei Viertel (73 Prozent) aller Berufstätigen in Deutschland sind heute schon bereit, freiwillig über das 65. Lebensjahr hinaus zu arbeiten, weil sie dadurch ihre Rente aufstocken können, aber auch im Alter weiter gebraucht werden und gesellschaftlich wichtig bleiben.

Zukunftstrend 7

Kreativ im Kollektiv
Vom Solitär zum Solidär

Wenn wir den Wertewandel in die Zukunft projizieren, dann könnten in der Arbeitswelt neue Formen kollektiver Kreativität entstehen: Kreativ im Kollektiv. Wenn das Zeitalter der Ichlinge zu Ende geht, wird man sich sehr viel weniger auf Karrieristen und Solisten verlassen können. Die Finanz- und Wirtschaftskrise hat schließlich gezeigt, was Maßlosigkeit bewirkt, wenn kein Kontrollsystem eingebaut ist. Hingegen lassen sich Fehler von Gruppenergebnissen viel schneller erkennen und korrigieren. Wie im übrigen Leben auch stellt Gruppenzugehörigkeit eine Quelle für Innovationen und Investitionsentscheidungen dar. In Zukunft werden Individualismus und Egoismus im Wirtschafts- und Arbeitsleben weniger dominant sein.

Zukunftstrend 8

Wirtschaft braucht wieder Werte.
Die neue Produktivität des Sozialen

Die Unternehmenskultur wird nach der Krise eine andere sein. Statt nur nach außen durch *Corporate Social Responsibility* (CSR) Verantwortung, Gesicht und Flagge zu „zeigen", müssen jetzt mehr Werte „im" Unternehmen gelebt und „für" die Gesellschaft geschaffen werden. Es geht um Unternehmenswerte im öffentlichen Interesse, die weit über kurzfristige Gewinnziele hinausreichen. Langfristig wirtschaftlich erfolgreich können nur Unternehmen sein, die auf Nachhaltigkeit – ökonomisch, ökologisch und sozial – angelegt sind und so dem Gemeinwohl dienen.

Zukunftstrend 9

Wohlstand neu denken
An die Mär vom Immer-Mehr glaubt niemand mehr.

Auf den ersten Blick sind wir nur von Wohlstand umgeben: Die Exporte steigen, der private Konsum nimmt zu und das BIP, das Bruttoinlandsprodukt,
klettert weiter. In Wirklichkeit breitet sich bei den Menschen in diesen Krisenzeiten der Finanz- und Eurokrise das Gefühl aus: Die fetten Jahre sind
vorbei – das Schlaraffenland ist abgebrannt. An die Mär vom Immer-Mehr
glaubt niemand mehr. Im Unterschied zu den achtziger Jahren macht sich
derzeit „eine kollektive Unzufriedenheit" in Deutschland breit. In der Gesellschaft herrscht „ein großes Frustrationspotenzial" und in der Bevölkerung ist
„eine Art Verabschiedungsmentalität" nachweisbar. Die Zufriedenheit mit
den eigenen Lebensumständen wird mental immer weiter „heruntergefah-
ren". Die Deutschen wollen auf Nummer sicher gehen:

- Arbeitsplatzgarantien sind ihnen wichtiger als Einkommenserhöhungen.
- Und eine lebensstandardsichernde „Rente mit 67" zählt mehr als ein Vor-
  ruhestandsleben mit 58 an der Armutsgrenze.

Es geht letztlich um Leib und Leben – und nicht bloß um Geld oder Glücks-
gefühle.

Zukunftstrend 10

Besser leben!
Die WachstumsAgenda 2030

Wachstum ist ein Fortschrittsinstrument, um Wohlstand und Lebensqualität
für die Menschen und das Land zu erreichen. Es soll dazu verhelfen, besser zu
leben als bisher. Infolgedessen zielt auch das Wachstumsinteresse der Bevölkerung zunehmend auf qualitative Lebensbereiche wie z.B. Gesundheit und
sozialen Zusammenhalt, die genauso wichtig werden wie die Ansammlung
von Geld- und Vermögenswerten. Nachhaltiges Wachstum – und auch nachhaltiges Wirtschaften – müssen wieder mehr für die Menschen und nicht nur
für die Märkte da sein. Die WachstumsAgenda 2030 aus der Sicht der Bevölkerung lautet:

- mehr Arbeitsplatzsicherheit,
- mehr Einkommenssicherheit,
- mehr Rentenniveausicherheit.

Literatur

Opaschowski, Horst W.: Deutschland 2030. Wie wir in Zukunft leben. Gütersloh 2013.

Opaschowski, Horst W.: Der DeutschlandPlan. Was in Politik und Gesellschaft getan werden muss. Gütersloh 2011.

IPSOS Observer/Horst W. Opaschowski: Nationaler WohlstandsIndex für Deutschland/NAWI D. Hamburg/Mölln 2012.

Clara Schlichtenberger

Zielvereinbarungen und neue Unternehmensziele versus Hilfeleistungsgesellschaft

Talkrunde 3, moderiert von Ursula Weidenfeld,
mit Norbert Breutmann, Carmen Losmann und
Horst Opaschowski

Ursula Weidenfeld wandte sich mit der Frage an Carmen Losmann, ob das Bild und die Potentiale, die Horst W. Opaschowski in seiner Skizzierung der zukünftigen Arbeitswelten zeichnet, auch schon in der derzeitigen Arbeitswelt zu entdecken sei.

Losman führte aus, dass sie in ihrem Dokumentarfilm „work hard – play hard" (der im Anschluss im Abendprogramm des Symposiums gezeigt wurde) versuchte zu zeigen, wie es Firmen gelänge, intrinsische Motivation bei den Mitarbeitern und Mitarbeiterinnen zu fördern, also deren Motivationen deckungsgleich mit denen der Firma zu bekommen. Die Firmen wollten unternehmerisch denkende Beschäftigte und brächten diese dadurch in paradoxe Situationen. Opaschowski habe gefordert, in Zukunft müsse die Persönlichkeit unternehmerische Züge tragen. Doch zeichne sich eine Persönlichkeit nicht nur durch Produktivität aus und durch die Fähigkeit, Netzwerke zu bilden, sondern auch durch andere Fähigkeiten, z.B. Nähe zu anderen Menschen herzustellen.

Opaschowski erwiderte, wenn er sage, jeder müsse zu einem Lebensunternehmer werden, dann habe er eine Gesellschaft des langen, langen Lebens vor Augen. Perspektivisch sollte man möglichst ein ganzes Leben beschäftigt bleiben. Arbeitsfreude werde durch Schaffensfreude ersetzt.

Weidenfeld zitiert Opaschowkis Ausführungen „Sicherheit sei die neue Freiheit". Sie merkte an, dass sich das ein wenig reibe mit dem Bedürfnis, einerseits nicht nur in der Gesellschaft, sondern auch in der Arbeitssituation sicher sein zu wollen, und andererseits ein unternehmerischer Beschäftigter werden zu sollen. Opaschowski erwiderte, dass er einmal der Frage nachgegangen sei, wie selbständig eigentlich die Deutschen seien, und da wäre das Ergebnis gewesen, dass sie am liebsten angestellt seien.

Losmann merkte an, dass auch sie als Selbständige in ihrer Selbständigkeit von einem Markt, von Kunden, erfasst sei. Nicht alle Rahmenbedingungen seien selbst gesetzt.

Weidenfeld wandte sich an Norbert Breutmann mit der Frage, ob es Arbeitgebern schon bewusst sei, dass sie ihren Mitarbeitern im Gegenzug zum geforderten unternehmerischen Engagement mehr Sicherheit bieten müssten. Breutmann erwiderte, dass es in großen Unternehmen wie Siemens eine Beschäftigungsgarantie gebe. Zielvereinbarungsprozesse sollten auf beiden Interessenslagen beruhen. Sicherheit wäre aber nicht für jeden das Gleiche.

Losmann stellte fest, dass es innerhalb von Zielvereinbarungsprozessen auch immer um qualitative und um quantitative Ziele gehe. Es gehe aber zudem auch um Ziele, die einem Unternehmen einen Mehrwert verschaffen. In ihrem Film habe sie die Methoden eines Managements dokumentiert, das letztendlich den Versuch unternimmt, in veränderten Arbeitsorganisationen, wo es eben keinen Chef oder keine Hierarchien mehr gibt, die Mitarbeiter und Mitarbeiterinnen komplett in Beschlag zu legen. Dies geschehe z.b. durch die Architektur des Bürogebäudes, das in möglichst nichts mehr daran erinnern soll, dass dort gearbeitet würde. Das führe aber evtl. auch zu einer Entgrenzung der Arbeit und einer Überidentifikation mit den Unternehmenszielen.

Breutmann erwiderte, da würden wieder zwei Unternehmensziele vermischt. Das eine sei das Unternehmensziel, das Unternehmen am Markt zu halten, das andere ein Individualziel, was im Prinzip der Vertrag über die individuelle Leistungserbringung sei. Die Arbeitsprozesse, die die Arbeitgeber zu verantworten haben, seien so zu gestalten, dass es keine Überlastungen gebe. Dazu bräuchte man ein höheres Maß an Selbstregulation.

Opaschowski führte aus, dass er sich auf repräsentative Umfragen quer durch alle Berufsgruppen berufe und überall sei der Wunsch vorhanden ein Leben lang möglichst beschäftigt und gefordert zu sein, gebraucht zu werden und gesellschaftlich wichtig zu bleiben. Es gehe dabei auch nicht um Vollzeitbeschäftigung. Vielleicht hätten demnächst die 70-jährigen nicht die 5-Tage-Woche, sondern die 1-Tage-Woche.

Weidenfeld fragte, ob die Gesellschaft, die Opaschowski skizziere, auch eine Gesellschaft sei, die denen gegenüber Solidarität übe, die die Norm nicht erfüllen könnten. Opaschowski erwiderte, dass es eine neue Gesellschaft auf Gegenseitigkeit sei, eine neue Hilfeleistungsgesellschaft. Wenn es ein Umdenken bei den Unternehmen gäbe und diese ihren Nutzen auch an den Kunden und an der Gesellschaft orientieren würden, ja, Nutzen stiften würden, statt sich ausschließlich am Shareholder Value zu orientieren, dann käme man auch leichter voran bei den Zielvereinbarungen.

Weidenfeld wandte sich an Breutmann mit der Frage: was gab es vor den Zielvereinbarungen? Breutmann verwies auf Akkord und Stücklohn. Jetzt gebe es Projekte mit imaginären Zielen und der Frage, wie sich die Beschäftigten in diese Projekte einbringen könnten und in welchem Maß. Das gehe aber nur, wenn die Kultur der Zielvereinbarung geübt werde.

Gisela Mohr

Pioniere der Arbeitswelt

Männer in Frauenberufen, Frauen in Männerberufen

Im nachfolgenden Beitrag wird das Thema „Pioniere der Arbeitswelt" aus psychologischer Perspektive betrachtet. Wenn von Psychologie die Rede ist, denken die meisten Menschen an psychotherapeutische Behandlungen. Nur wenigen ist bewusst, dass die Psychologie auch in der Arbeitswelt für viele Probleme gute Lösungen erarbeitet. Auch bei den Analysen zur Situation von Männern in Frauenberufen und Frauen in Männerberufen hilft diese Fachrichtung weiter.

Zunächst wird erläutert, was man unter einem Frauen- oder Männerberuf versteht. Danach wird dargestellt, welche besonderen Anforderungen Frauen in „männlichen" beruflichen Positionen und Männer in Frauenberufen bewältigen müssen.

Von „Frauenberufen" spricht man, wenn etwa 80 Prozent der Beschäftigten in einem Berufsfeld Frauen sind. In den so genannten Männerberufen arbeiten, analog dazu, um die 80 Prozent Männer.

Die jeweiligen Berufsfelder werden allgemein als geschlechtstypisch für Frauen bzw. Männer angesehen.

Die erste Tabelle (Abb. 1) zeigt die „klassischen Frauenberufe": In der Kindergartenerziehung und den Tätigkeiten im Blumenladen, im Frisör- und Kosmetiksalon liegt der Anteil der männlichen Beschäftigen unter zehn, in der Pflege und im Grundschulunterricht um die zwanzig Prozent. Die Zahlen aus den USA verdeutlichen, dass diese Situation nicht nur für unser Land zutrifft, sondern offensichtlich auch jenseits des Atlantischen Ozeans so ist.

Ganz ähnlich sieht es in den so genannten Männerberufen aus. Wie in der Tabelle (Abb. 2) zu sehen, sind im Elektrohandwerk und beim Schweißen und Löten weniger als zehn Prozent Frauen anzutreffen, etwas zahlreicher sind sie im Ingenieurswesen und erreichen beim Programmieren fast zwanzig Prozent. Zunehmend wird über die geringe Anzahl von Frauen in den „MINT-Berufen" diskutiert, den Berufen auf den Gebieten der Mathematik, der Ingenieurswissenschaften, der Naturwissenschaften und der Technik, die immer noch als klassische „Männerberufe" zu gelten haben. Seit etwa zwei Jahrzehnten gibt es nun auch politische Bemühungen, diesen Zustand zu korrigieren.

Abbildung 1: „Frauenberufe"

Männer in Frauenberufen

Frauenberufe	Anteil der Männer in %	
	Deutschland	USA
Kindergartenerziehung	4 %	3 %
Blumenladen/Floristik	6 %	- o.A. -
Friseurhandwerk, Kosmetik	7 %	8 %
Pflege	17 %	12 %
Grundschulunterricht*	22 %	18 %

* „Frauenberuf" = wenn mehr als 80 % Frauen sind

USA: Pfleger: nursing, home health aid incl. elderly care; Gruppe d. Friseure enthält auch Kosmetik; Lehrer in USA: elementary & middle school, Sonderschule 85 %, in Deutschland gemittelter Wert über Grundschule & Sonderschule. US-Daten unter: http://www.bls.gov/cps/wlf-databook-2011.pdf. Für Deutschland: https://www.destatis.de/DE/Publikat...

© G. Mohr

Abbildung 2: „Männerberufe"

Frauen in Männerberufen

	Deutschland	USA
Elektrohandwerk	6 %	1 %
Schweißen, Löten	7 %	5 %
Ingenieurswesen	12 %	13 %
Programmierer	19 %	22 %

Begriff der „Token" – Situation ~ < 15 % (Kanter, 1977)

Token = Wertmarke, Pfand, Alibi

© G. Mohr

Für beide Gruppen – die Frauen- und die Männerberufe – sind, was die Art der Tätigkeiten in den jeweiligen Berufsfeldern betrifft, allgemein stereotype Vorstellungen verbreitet. So gelten beispielsweise das Hegen und Pflegen von hilfsbedürftigen Menschen als typisch weibliche Eigenschaften, während die Fähigkeit zu führen, zu dominieren und zu kontrollieren generell männlichen Beschäftigten zugeschrieben wird.

Dieser Beitrag will sich jedoch nicht allgemein mit dem Thema der so genannten Frauen- und Männerberufe auseinandersetzen, sondern sich auf einen speziellen Aspekt des Themas konzentrieren: auf Frauen in Männerpositionen, d.h. auf Frauen als Führungskräfte. Zum Schluss wird dann noch kurz von Männern in Frauenberufen die Rede sein.

Frauen als Führungskräfte

Wer sind diese Pionierinnen in der Arbeitswelt? In der freien Wirtschaft finden wir sie zum Beispiel in der Aufstellung der 30 DAX-Unternehmen wieder. Allerdings basieren die dazu vorhandenen Daten auf unterschiedlichen Grundlagen: Mal beziehen sie sich nur auf Deutschland, mal schließen sie auch die ausländischen Segmente der Firmen mit ein. Zudem beruhen diese Zahlen auf Selbstangaben der Unternehmen, und es wird leider nicht differenziert dargestellt, welche Führungsebene jeweils gemeint ist. Wir unterscheiden in der Regel grob zwischen drei Führungsebenen: der unteren, der mittleren und der obersten. Manchmal kommt noch eine weitere „oberste" hinzu, die Ebene der Aufsichtsrats-Gremien.

In 15 der DAX-Unternehmen liegt der Anteil der weiblichen Führungskräfte unter 15 Prozent, bei den anderen 15 zwischen 16 und 30 Prozent. Wenn der Anteil einer bestimmten Gruppe in ihrem Arbeitsumfeld nicht mehr als 15 Prozent beträgt, spricht man von einem „Token-Status". In der sozialpsychologischen Forschung widmet man solchen Gruppen von Minderheiten besondere Aufmerksamkeit. Unabhängig davon, um welche Kriterien es sich handelt, die sie von der Mehrheit unterscheidet – ob es sich um ethnische Gemeinsamkeiten, um besondere Altersgruppen oder eben um die Zugehörigkeit zu einem Geschlecht handelt – immer sind die Vertreter und Vertreterinnen dieser Minderheiten äußerlich erkennbar. Sie ziehen sozusagen die Aufmerksamkeit aller anderen auf sich und sehen sich mit Erwartungen und Beurteilungen konfrontiert, die den stereotypen Eigenschaften entsprechen, die man der Minderheit gemeinhin zuordnet.

Ein kleiner Exkurs:

Eine Vielzahl der DAX-Unternehmen hat eine Selbstverpflichtung über den angestrebten Anteil von Frauen unter den Führungskräften abgegeben, die allerdings sehr variiert. Die Zieldaten liegen zwischen 2015 und 2020 und der Frauenanteil soll dann zwischen 12 und 35 Prozent betragen. Dazu eine kleine Auffrischung des kollektiven Gedächtnisses zum Thema „Selbstverpflichtung": 2001 gab es eine Vereinbarung zwischen der Bundesregierung und den Spitzen der deutschen Wirtschaft zur Förderung der Chancengleichheit von Frauen und Männern in der Privatwirtschaft. Im Jahr 2008 stellte der Bericht des Bundesministeriums für Familie, Senioren, Frauen und Jugend fest, dass es in der Zwischenzeit keinen signifikanten Anstieg des Frauenanteils in Führungspositionen gegeben habe. Selbst die bemerkenswerte Vorgehensweise, jede Frau, die eine „hochqualifizierte Tätigkeit" ausführt, zu den Führungskräften zu zählen, konnte an diesem kläglichen Bild nichts ändern. Die Betrachtung der Zahlen soll jedoch nicht ganz ohne Optimismus abgeschlossen werden. Wie Auswertungen von Hoppenstedt zeigen, hat sich im Zeitraum von 1995 bis 2010 doch einiges bewegt. Lag der Anteil der Frauen im Management insgesamt anfangs noch knapp über acht Prozent, betrug er am Ende dieser Periode nahezu 20 Prozent. Positiv hebt sich dabei besonders die Situation in den mittelständischen Unternehmen heraus. Schon 1995 lagen sie deutlich über dem Durchschnitt und behielten auch 2010 mit knapp 23 Prozent diesen Vorsprung bei. Den niedrigsten Anteil von Frauen in Führungspositionen findet man in den Großunternehmen: weniger als fünf Prozent 1995 und knapp 15 Prozent 2010. Interessant und erfreulich sind auch Zahlen des Statistischen Bundesamts. Danach stieg der Anteil der männlichen Auszubildenden in den Erzieherberufen rasant an, 2010 lag er bei 16,5 Prozent.

Welche besonderen Anforderungen bringt es mit sich, als Frau in einer Führungsposition zu sein?

Die Antworten auf diese Fragen sind natürlich sehr komplex und können hier nicht in aller Breite dargestellt werden. Auch kann das Geschehen in der Bundesrepublik nur in Ausschnitten beschrieben werden. Deshalb ist eine Konzentration auf drei besonders markante Aspekte und auf einige psychologische Erklärungsmodelle sinnvoll. Die drei Aspekte, die besonders ins Auge fallen, sind:

- mangelnde Wertschätzung, mangelnder Respekt,
- ungleiches Bewerten (zweierlei Maßstäbe) und
- ungleiche Förderung.

Die Forschungsergebnisse zum Thema „Wertschätzung von Frauen und Männern in Führungspositionen" (Abb.3) stammen aus unserer Abteilung für Arbeits- und Organisationspsychologie am Institut für Psychologie an der Universität Leipzig.

Was ist gemeint mit „Respekt" und wie haben wir ihn gemessen? Wir haben ihn als die positive Bewertung der fachlichen Qualität einer Führungskraft aus der Sicht ihrer Untergebenen definiert, als die Wertschätzung ihrer beruflichen Fähigkeiten und ihres Wissens.

Abbildung 3

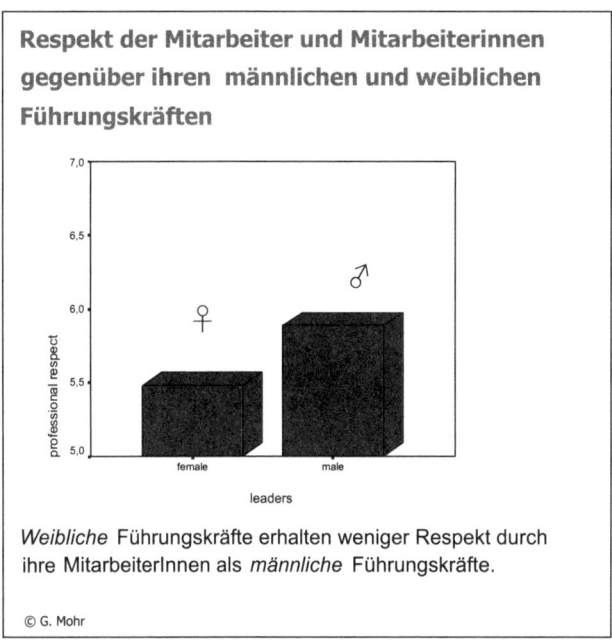

Respekt der Mitarbeiter und Mitarbeiterinnen gegenüber ihren männlichen und weiblichen Führungskräften

Weibliche Führungskräfte erhalten weniger Respekt durch ihre MitarbeiterInnen als *männliche* Führungskräfte.

© G. Mohr

Die Grafik zeigt das Ausmaß an Respekt, das weiblichen und männlichen Führungskräften von ihren Mitarbeitern und Mitarbeiterinnen entgegengebracht wird. Der Unterschied zwischen den beiden Balken ist statistisch signifikant, d.h. kein Zufallsergebnis und macht sichtbar: Der Respekt gegenüber männlichen Führungskräften ist deutlich höher als der gegenüber einer Frau als Führungskraft. Wir haben uns die Fragen gestellt, wie dieses Ergebnis zustande kommt, wer den Frauen eigentlich den Respekt und die Wertschätzung verweigert. Das Ergebnis ist, wie die folgende Abbildung (Abb. 4) zeigt, interessant.

Abbildung 4

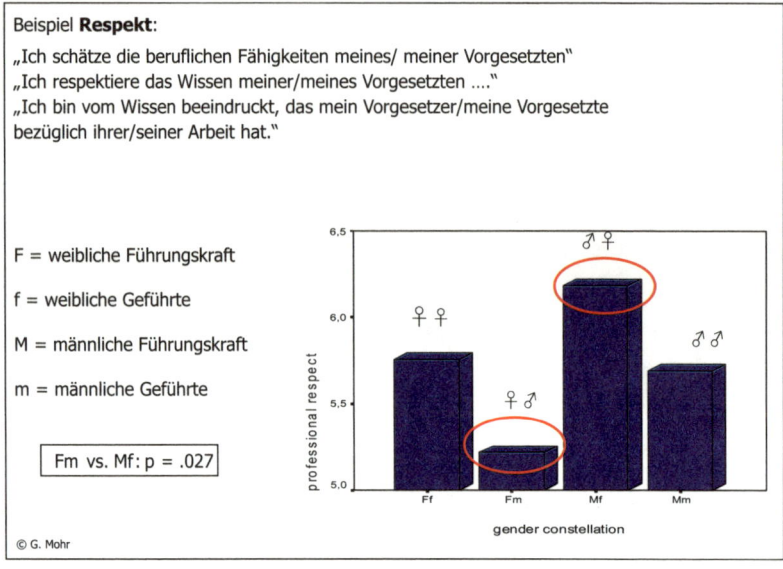

Beispiel **Respekt**:

„Ich schätze die beruflichen Fähigkeiten meines/ meiner Vorgesetzten"
„Ich respektiere das Wissen meiner/meines Vorgesetzten ...."
„Ich bin vom Wissen beeindruckt, das mein Vorgesetzer/meine Vorgesetzte
bezüglich ihrer/seiner Arbeit hat."

F = weibliche Führungskraft

f = weibliche Geführte

M = männliche Führungskraft

m = männliche Geführte

Fm vs. Mf: p = .027

© G. Mohr

Die Antwort auf die Frage, wer den weiblichen Führungskräften die Wertschätzung verweigert, ist also nicht einfach. Zum einen zollen weibliche Mitarbeiterinnen ganz offensichtlich männlichen Führungskräften größeren Respekt. Zum anderen wird weiblichen Führungskräften von ihren männlichen Mitarbeitern nur mit geringem Respekt begegnet. Das schlechte Ergebnis für die Frauen hat also zwei Ursachen: Frauen geben männlichen Führungskräften einen Bonus und Männer geben weiblichen Führungskräften einen Malus. Es gibt also eine geschlechterspezifische Wertschätzungsproblematik.

Zum zweiten Aspekt, das ungleiche Bewerten, das Messen mit zweierlei Maßstäben, nun einige Ergebnisse aus sozialpsychologischen Forschungsarbeiten an anderen Universitäten. In einer Studie wurden Testpersonen Fotos von unterschiedlichen Frauentypen zur Bewertung vorgelegt. Dabei zeigte sich, dass den Frauen, die männlich aussehen – die männliche Gesichtsformen und kurze Haare haben und Hosenanzüge tragen – mehr Kompetenzen zugeschrieben werden als Frauen, die weiblich aussehen. Zugleich wird Frauen, die als unabhängig, dominant und selbstsicher eingestuft werden, die soziale Kompetenz abgesprochen, sie werden als weniger sympathisch angesehen. Wenn diese Eigenschaften, die ja als männlich gelten, bei Männern beobachtet werden, führt das nicht zur Minderung der zugeschriebenen sozialen Kompetenz.

Andere Studien konnten zeigen, dass größeren Menschen höhere Kompetenzen zugeschrieben werden als kleineren. Da Männer in der Regel größer sind als Frauen, spielt auch dieses Kriterium bei der schlechteren Bewertung von Frauen eine Rolle. Zum dritten Aspekt, der ungleichen Förderung, beziehe ich mich wieder auf unsere Untersuchungen an der Universität Leipzig. Wir haben das eingeschätzte Verhalten von Führungskräften gegenüber potentiellen Nachwuchsführungskräften untersucht. Wir haben uns dafür interessiert, was die Aufstiegskompetenz, die diese jungen Potentiale ja brauchen, entwickelt und fördert und wie das Verhalten der Vorgesetzten dazu beitragen kann. Um das Ausmaß der Förderung von Nachwuchskräften bestimmen zu können, haben wir mehrere Kriterien untersucht:

- Die Delegation von verantwortungsvollen Aufgaben an den Nachwuchs;
- die Förderung, zum Beispiel die Möglichkeit anderen bestimmte Arbeitsergebnisse vorzustellen;
- das Feedback, die konstruktiven Rückmeldungen zu Fehlern, die die Nachwuchskraft gemacht hat, aber auch die Darlegung der Fehler, die der Führungskraft unterlaufen sind;
- das Vertrauen, das die Führungskraft den Jüngeren entgegenbringt;
- Hilfen zur Vereinbarkeit von Beruf und Familie – flexible Arbeitszeiten, flexible Urlaubsregelungen und ähnliches.

Wichtig ist es, diese Maßnahmen zu kombinieren, um den Aufstieg in Führungsposition zu fördern. Denn wir haben herausgefunden, dass Vereinbarkeitshilfen allein eher einen negativen Effekt hatten. Wurden sie aber zusammen mit Delegation und Förderung angewandt, wirkten sie sich positiv auf die Aufstiegskompetenz der Nachwuchskräfte aus.

Das entscheidende Ergebnis für uns war allerdings, dass alle weiblichen Nachwuchskräfte angaben, weniger Delegation und Förderung von ihren Vorgesetzten zu erleben. Sie mussten also auf genau auf diese Ansporn-Komponenten verzichten, die Männer und Frauen brauchen, um Aufstiegsmotivation zu entwickeln.

Psychologische Erklärungsmodelle

Was sind die Gründe dafür, dass Frauen weniger Wertschätzung erfahren, sich höheren Hürden und ungleicher Förderung ausgesetzt sehen? Welche Stereotype stehen dahinter?

Ein Beispiel soll die Situation verdeutlichen: Es gibt in der Forschung eine Unterteilung in die so genannte mitarbeiterorientierte Führung und die aufgabenorientierte Führung. Mitarbeiterorientierte Führung heißt, man sorgt dafür, dass das Team in guter Stimmung ist, dass Zufriedenheit herrscht, Konflikte möglichst früh bewältigt, persönliche Ziele einer Person berücksichtigt und besprochen werden. Bei der so genannten aufgabenorientierten Führung ist der Fokus eher auf die Arbeitsorganisation gerichtet, es geht darum, Regeln und Strukturen zu schaffen, Verantwortlichkeiten zu klären sowie Ergebnisse und Termine zu kontrollieren.

Wenn man nun fragt, welcher der beiden sehr unterschiedlichen Führungsstile eher von Frauen und eher von Männern praktiziert wird, vermuten die meisten, dass Frauen wohl vorwiegend mitarbeiterorientiert und Männer vor allem aufgabenorientiert führen.

Genau das wurde in Experimenten im Labor auch gefunden: Das Verhalten der Frauen in der Rolle als Führungskraft wurde mitarbeiterorientiert eingeschätzt und weniger aufgabenorientiert. Männer wurden aufgabenorientiert eingeschätzt, obwohl im Experiment sich das Verhalten der männlichen und weiblichen Führungskräfte nicht unterschied.

Interessant ist nun der Sachverhalt, dass das Ergebnis anders aussieht, wenn man das Labor verlässt und reale Führungskräfte eingeschätzt werden. Dann wird bei den weiblichen Führungskräften sowohl mitarbeiterorientierte als auch aufgabenorientierte Führung wahrgenommen.

Dieser Unterschied zwischen Labor- und Feldforschung wird damit erklärt, dass unsere Beobachtung von Stereotypen geleitet werden, vor allem dann, wenn man wenig weiß über eine Person, wie das im Labor der Fall ist. In diesem Fall greift also die stereotype Vorstellung, dass Frauen emotionaler sind, mehr an Menschen als an Sachen orientiert, während Männer mehr vom Verstand gesteuert und sachbezogen funktionieren.

Zur Wirkung von Stereotypen

Stereotype steuern nicht nur die Wahrnehmung, sondern auch die Interpretation einer Situation. Ein praktisches Beispiel: Wenn eine männliche Führungskraft schreit, wird sie als dominant und durchsetzungsstark beurteilt. Ist die schreiende Person aber weiblich, so wird sie als hysterisch eingestuft.

Manchmal können Stereotype nützlich sein und dabei helfen, uns in komplexen Umwelten zurechtzufinden oder in Notsituation schnell Hilfe zu finden. Wir wenden uns an Personen, von denen wir glauben, dass es freundliche Menschen sind, z.B. Asiaten, oder bei denen wir eine höhere Hilfsbereitschaft vermuten, z.B. eine Frau.

Stereotype haben aber auch ihre Fallen. Sie können falsch sein, obwohl wir bestätigende Erfahrungen gemacht haben! So ist der weit verbreitete Glaube, dass Frauen eher mitarbeiterorientiert und Männer eher aufgabenorientiert führen, falsch und dennoch kann es unseren Erfahrungen entsprechen. Tatsächlich hat der Unterschied der Führungsstile nicht mit dem Geschlecht zu tun, sondern mit der Stellung der führenden Person in der Hierarchie eines Unternehmens. Frauen arbeiten, wenn sie Führungskräfte sind, in der Regel in den unteren betrieblichen Hierarchien, d.h. dort, wo sie tatsächlich mehr Kontakt zu Mitarbeitern und Mitarbeiterinnen haben. Und weil wir sie vorwiegend nur dort beobachten können, scheint es so, als ob Frauen eher mitarbeiterorientiert arbeiten.

Männer in Frauenberufen

Wir wissen sehr wenig über Männer in Frauenberufen und – von ganz simplen Erklärungen einmal abgesehen – wissen wir nicht, warum es so wenige sind. Mit Sicherheit werden wir sie in Zukunft vermehrt dort brauchen, z.b. um sicherzustellen, dass es genügend Personal für die geforderten Kindergartenplätze geben wird. Es wäre wichtig, mehr über Männer in Frauenberufen zu wissen, um dazu beizutragen, dass die männlichen Erzieher, Krankenpfleger usw. konflikt- und stressfrei zusammen mit ihren Kolleginnen gute Arbeit leisten können.

In unserem Leipziger Institut haben wir uns mit der Frage befasst, was es für Männer sind, die heute in Frauenberufen arbeiten. In einer Fragebogenerhebung haben wir 213 Männer – Krankenpfleger, Frisöre, Floristen, Altenpfleger, Grundschullehrer und Erzieher – gebeten, sich selbst einem der vier folgenden Typen zuzuordnen: dem „männlichen Typ", dem „weiblichen Typ", dem „androgynen" (einem Misch-Typ, der von beidem etwas hat) und dem eher „neutralen Typ", der weder von männlichen noch von weiblichen Eigenschaften bestimmt ist. Entgegen der stereotypen Vorstellung, dass man in diesen Berufen eher den weiblichen Typ antreffen wird, war dieser nur mit 20 Prozent vertreten, ebenso oft wie der männliche. 30 Prozent ordneten sich in dieser Selbstbeschreibung jeweils dem androgynen und dem neutralen Typ zu – also insgesamt eine relativ gleiche Verteilung.

Uns hat die Frage interessiert, wie es diesen unterschiedlichen Typen bei der Arbeit geht, wie sie ihre psychische Befindlichkeit als Mann in einem femininen Umfeld beschreiben. Wir haben unter anderem nach Zuständen der Gereiztheit, der Nervosität und nach der Fähigkeit, abschalten zu können, gefragt. Dabei haben wir festgestellt, dass es den Männern, die sich als androgynen Typ eingestuft hatten, offensichtlich am besten geht. Sie haben die geringsten Stressreaktionen und Ängstlichkeitswerte, weniger depressive Reaktionen und Rollenkonflikte. Es scheint also, dass der androgyne Typ besonders gut in ein weitgehend weibliches Berufsfeld passt – und nicht der „weibliche Typ", wie man dies für einen Frauenberuf hätte erwarten können.

Ferner haben wir festgestellt, dass bei Kolleginnen mit traditionellen Einstellungen zu den Geschlechtsrollen das soziale Umfeld für die Männer problematischer und ihre Arbeitszufriedenheit geringer ist. Vermutlich gibt es dann deutlich mehr Konflikte und Streitigkeiten.

In einer früheren Studie einer anderen Forschungsgruppe mit Krankenpflegern wurden spezielle positiven Erfahrungen von Männern in diesem Berufsfeld berichtet: Die Krankenpfleger wurden häufiger als Ärzte angesprochen, ihnen wurde mehr Wissen über die Funktionsweise des Körpers zugestanden und sie wurden häufiger in eine Führungsposition, in eine Stationsleitung, befördert als qualifiziertere Krankenschwestern. Zu vermuten ist, dass damit auch Grundlagen für Konflikte geschaffen werden.

Schlussfolgerungen

Die Beispiele sollten deutlich gemacht haben, dass diese Pioniere der Arbeitswelt mehr zu bewältigen haben als das, was auch ihre Kolleginnen bzw. Kollegen als Arbeitsaufgabe vor sich haben. Als Minderheit sind sie besonderen sozialen Prozessen ausgesetzt, die nicht ohne Wirkung auf sie bleiben werden, selbst dann, wenn sie sich damit gar nicht befassen wollen. Was kann man tun, um diese Pioniersituationen zu verbessern? Sicherlich sollten wir nicht nur einfach warten, bis sich das Problem erledigt hat. Das würde zu lange dauern. Auf jeden Fall müssen wir uns für Maßnahmen einsetzen, die den Pionierstatus verkürzen: für Vereinbarkeitsregeln, eine diskriminierungsfreie Personalauswahl, Gesetze, Quoten, Selbstverpflichtung usw. sind dazu unentbehrliche Maßnahmen.

Dieser Beitrag sollte auch zeigen, dass existierende Stereotype verändert werden müssen. Stereotype – also gerichtete, selektive und eingeschränkte Wahrnehmungen – haben nicht nur die anderen. Es ist auch immer die eigene Wahrnehmung steuerbar und beeinflussbar. Daraus lässt sich schließen, dass die Veränderung eben auch bei uns selbst und im eigenen beruflichen Umfeld anfangen muss – im alltäglichen Umgang mit den Pionieren, auch wenn es zusätzliche Energie kostet. Die Mühe lohnt sich!

Der Text entstand aus dem Mitschnitt meines Vortrags, den Helga Reuter-Kumpmann redigiert hat.

Lutz Packebusch

Erhalt und Förderung psychischer Gesundheit in KKU (Kleinst- und Kleinunternehmen)

Dieser Beitrag basiert auf Ergebnissen des Anwendungsprojektes Befunt. Das Projekt „ Erhalt und Förderung psychischer Gesundheit besonders belasteter Berufs- und Funktionsgruppen in Klein- und Kleinstunternehmen" wurde vom Ministerium für Arbeit, Integration und Soziales des Landes Nordrhein-Westfalen und aus Mitteln der Europäischen Union gefördert. Beteiligt waren das Institut für Arbeitssicherheit, Umweltschutz, Gesundheitsförderung und Effizienz (A.U.G.E.) der Hochschule Niederrhein, die Prospektiv GmbH aus Dortmund und das DGB Bildungswerk. In diesem Beitrag wird das Projekt und die betrieblichen Implikationen der Vorgehensweise kurz vorgestellt – da es an anderen Stellen ausführlich dokumentiert ist (Mey u.a. 2013, Mey & Packebusch 2013, Mey & Packebusch 2013, Mey, Packebusch & Hensel 2012, Mey, Packebusch & Weber 2012). Der Fokus liegt in diesem Beitrag auf dem Kontext von Selbstständigkeit und Eigenverantwortung.

Zunächst wird der Frage nachgegangen, welche Konsequenzen/Bedeutung der Rückzug der staatlichen Akteure im Arbeits- und Gesundheitsschutz aus der Fläche für Kleinst- und Kleinunternehmen (KKU[1]) hat. Daran anschließend wird ausgehend vom psychologischen Konstrukt der Selbstwirksamkeitserwartung verdeutlicht, wo es gute Ansätze und wo es Lücken der Gesundheitsförderung in Kleinbetrieben gibt.

---

1 Kleinstunternehmen sind Unternehmen, die unter 10 Beschäftigte haben, Kleinunternehmen haben weniger als 50 Beschäftigte. Der größte Teil der Unternehmen in Deutschland sind KKU und 54 Prozent der Beschäftigten in Deutschland arbeiten in KKU und KMU mit weniger als 100 Beschäftigten (Sonderauswertung des IAB im Auftrag des A.U.G.E.- Institutes 2001).

Die Ausgangssituation

Ausgangslage war das Erkrankungsgeschehen in Nordrhein-Westfalen. Wir haben im Projekt die Daten der IKK classic für diesen Bereich der überwiegend im Handwerk Beschäftigten aufgearbeitet.

Abbildung 1: Erkrankungsgeschehen in Handwerksbetrieben in NRW 2010

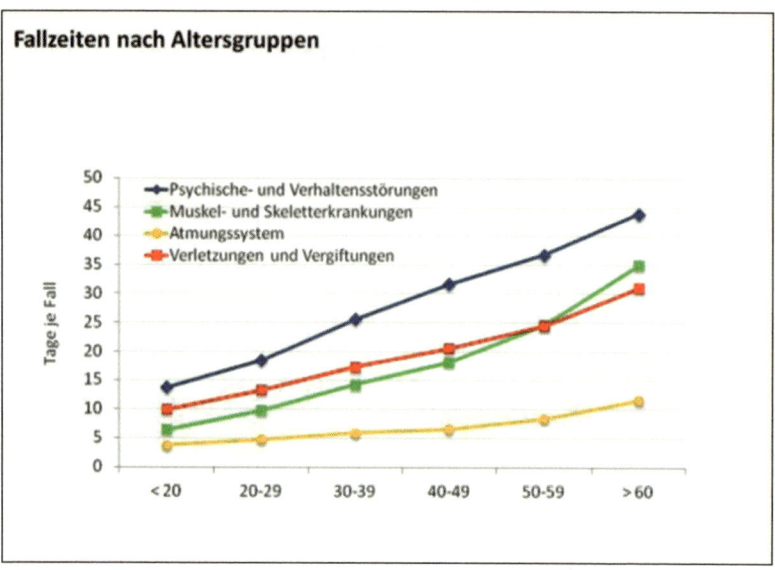

Diese Abbildung zeigt, dass in allen Altersgruppen die psychischen Erkrankungen und Verhaltensstörungen bei den „Tagen je Fall" deutlich über den Muskel- und Skeletterkrankungen, den Erkrankungen des Atmungssystems und den Verletzungen und Vergiftungen liegen. Im Handwerksbereich haben psychische Erkrankungen an Bedeutung zugenommen. Deutlich wird ebenfalls, dass die Ausfallzeiten pro Fall relativ hoch sind und das neben den psychischen Erkrankungen z. B Rückenbeschwerden oben stehen. Untersuchungen von Zapf (Zapf 2001) zeigen, dass für die Rückenerkrankungen psychische Fehlbeanspruchungen deutlich zur Chronifizierung beitragen können. Ein Grund mehr sich mit den psychischen Belastungen und Beanspruchungen zu beschäftigen. Psychische Fehlbeanspruchung ist ein Alltagsproblem, das in Betrieben angekommen ist. Vor diesem Hintergrund ist dieses Projekt gestartet worden.

Verschiedene Gruppen waren daran beteiligt und hatten unterschiedliche Erwartungen an das Projekt. Viererlei Ziele wurden damit verfolgt:

1. Werkzeuge zur Förderung von psychischer Gesundheit an die Hand zu bekommen, die auch kleinbetriebstauglich sind.
2. Kenntnisse gewinnen, um einen stärkeren Zugang zu Kleinbetrieben zu bekommen.
3. Erfahrungsaustausch und Vernetzung der unterschiedlichen Nachhaltigkeitsträger, die beteiligt waren, zu forcieren.
4. Nachhaltigkeit und Transfer sichern.

Der Aspekt des Betriebszuganges für KMU ist etwas, das viele umtreibt in der deutschen Forschungs- und Förderlandschaft, da offensichtlich nicht so viel an Transferprozessen in KKU und KMU in Gang gekommen ist, wie man sich das wünscht. Die Vernetzung muss als Erfahrung aus dem Projekt wahrscheinlich auf lokaler Ebene erfolgen, um wirksam zu werden. Trotz aller Berichte über Netzwerkprojekte ist dies bezogen auf ganz konkrete Fragestellungen noch unterentwickelt.

Arbeitsziele des Projektes Befunt waren unter anderem die Entwicklung und die Evaluation von Bausteinen und Konzepten zur psychischen Gesundheit für bestehende Interventionsmaßnahmen. Daneben wurden bestehende Interventionsmaßnahmen auf ihre Wirksamkeit überprüft. Wirksamkeit heißt hier: Wie tauglich sind sie für den Einsatz in Kleinbetrieben? Darauf soll noch einmal stärker eingegangen werden.

Konzentrationsprozesse bei Nachhaltigkeitsträgern

Was sind überhaupt Nachhaltigkeitsträger im Arbeits- und Gesundheitsschutz? Nachhaltigkeitsträger sind Institutionen, die es mit befördern können, dass in Kleinunternehmen Dinge angestoßen werden, für die die Unternehmen eigentlich keine Kompetenzen haben. Dazu gehören

• Die Staatlichen Ämter für Arbeitsschutz, die traditionell in NRW in der Fläche vorhanden waren;
• Die Kreishandwerkerschaften, z. B für Kleinunternehmen, die im Handwerksbereich unterwegs sind;
• Die Krankenversicherungen, wo z. B im Kleinbetriebsbereich relativ deutlich die Innungskrankenkassen diejenigen waren, die betriebsbezogen im Handwerksbereich die gesundheitliche Versorgung und die Betreuung von Betrieben relativ homogen sicherstellen konnten;
• Die Berufsgenossenschaften, die weiter aufgegliedert gewesen sind als heute;
• Die Gewerkschaften, die relativ stark differenziert waren.

Diese Institutionen existieren in dieser Form nicht mehr. Bezogen auf die Region Niederrhein stellt sich die Situation folgendermaßen dar: Die staatlichen Ämter für Arbeitsschutz in alter Form sind Geschichte. Die Kreishandwerkschaften sind fusioniert. Viersen, Neuss, Krefeld zum Beispiel sind mittlerweile eine Kreishandwerkschaft, die sich über drei Kreise verteilt und in der die Menschen aus Viersen, wenn sie Beratungsbedarf haben, nach Neuss fahren müssen. Die Krankenversicherungen sind fusioniert. Für den Kleinbetriebsbereich gab es mehrere Zusammenschlüsse alleine im Bereich der beteiligten Innungskrankenkasse. Inwiefern sich Berufsgenossenschaften im Zuge des Konzentrationsprozesses ebenfalls zurückziehen, muss abgewartet werden. Für das Projekt bedeutet dies, die Berufsgenossenschaften Holz und Metall fusioniert sind. Bei den Gewerkschaften sind ähnlich Holz und Metall vereinigt und ziehen sich weitgehend mit den Akteuren, die für solche Projekte zur Verfügung stehen aus der Fläche zurück. Es lohnt, auf der Basis des psychologischen Konstrukts der Selbstwirksamkeit, noch einmal darüber nachzudenken, was das eigentlich bedeutet.

Selbstwirksamkeitserfahrung

Wenn man anstrebt, dass Menschen wirklich selbstständig und eigenverantwortlich ihre Herausforderungen aus der Umwelt bewältigen können, gehört dazu, dass sie Selbstwirksamkeitserfahrung haben und zwar Selbstwirksamkeitserfahrung im Sinne Banduras (1977) auf dem Feld, auf dem sie wirken sollen. Was sind Quellen für Selbstwirksamkeitserfahrung?

Abbildung 2: Quellen der Selbstwirksamkeit nach Bandura (1977)

Berücksichtigung der Quellen der Selbstwirksamkeitserwartung

- Eigene Erfolgserlebnisse (Performance Accomplishments)
- Stellvertretende Erfahrung (Vicarious Experience)
- Verbale Ermutigung (Verbal Persuasion)
- Emotionale Erregung anpassen (Emotional Arousal)

▪ Handlungskompetenz

Nach Bandura (1977) gehören dazu „eigene Erfolgserlebnisse", die zu der Überzeugung führen, Herausforderungen gewachsen zu sein und über Handlungsstrategien zu verfügen, die es ermöglichen, positiv mit den entsprechenden Anforderungen umzugehen. Ein weiterer Aspekt ist die „stellvertretende Erfahrung". Man muss ähnliche Modelle haben. Das ist etwas, was man sehr häufig vergisst. Ich lese etwas von Best Practice, Leuchtturm-Projekten usw. und halte das für eine Fehlentwicklung auch vor dem Hintergrund von Erkenntnissen, die wir aus den Selbstwirksamkeitsuntersuchungen haben. Es ist wichtig, stellvertretende Erfahrungen mit den Modellen zu machen, die tatsächlich ähnlich sind wie man selbst ist. Wenn man sieht, dass die das bewältigen können, dann ist die Chance, dass man selber etwas übernimmt wesentlich höher, als wenn man darauf wartet, dass Projekte z. B aus Good-Practice Unternehmen in die Fläche übertragen werden. Die Vergangenheit hat gezeigt, dass das nicht funktioniert. Es befördert eher das Denken: „ Die mit den Stäben und der dahinterstehenden Manpower mit ihren finanziellen Möglichkeiten können das und wir brauchen das erst gar nicht zu versuchen."

Wichtig ist „verbale Ermutigung". Unternehmen und Mitarbeiter müssen eine Rückmeldung über Maßnahmen bekommen, die sie umsetzen. Dazu gehört auch, dass man Menschen hat, die diese Prozesse begleiten. Und es ist kontraproduktiv, wenn alles aus der Fläche zurückgezogen wird und keine anderen Akteure etabliert werden, die als Coaches zur Verfügung stehen, um diese Prozesse in die Breite und in dem Feld weiter zu steuern.

Ein weiterer Punkt ist, dass man versucht, die Prozesse zu stabilisieren bzw. zu automatisieren, um die „emotionale Beteiligung" (emotional arousal, Bandura 1977) z.B. von Inhabern, wenn sie Workshops mit Beschäftigten im Dachdeckerbereich durchführen, zu kanalisieren. Moderationen muss man mit Inhabern üben, damit sie tatsächlich über ihre eigenen Schwellen hinausgehen und sie die Mitarbeiter nicht als Bedrohung erleben. Das gleiche gilt für die Mitarbeiter, dass sie es nicht als Bedrohung erleben in einer gemeinsamen Runde, in der es um die Verbesserung der Prozesse im Betrieb geht, eine eigene Meinung gegenüber dem Chef zu vertreten. Die Erkenntnis, dass es ihnen tatsächlich Vorteile bringen kann, muss erarbeitet werden. Sie kommt nicht von allein. Und was auch immer wieder gern vergessen wird im Zusammenhang mit Selbstwirksamkeitserfahrung: alles gründet auf der Basis der Handlungskompetenz. Man muss über kognitive und aktionale Kenntnisse und Fähigkeiten verfügen. Kognitiv im Sinne von Kenntnissen zur Gesundheit und aktional aus dem Bereich des tatsächlichen Handlungswissens, zum Beispiel wie moderiere ich eine kleine Gruppensitzung. Ohne Selbstwirksamkeitserfahrung misslingen Maßnahmen. Wenn man keine Selbstwirksamkeitserfahrung macht, macht man andere Erfahrungen. Der Misserfolg ist vorprogrammiert.

Beteiligte

Wie kann man angesichts des Rückzuges aus der Fläche erste Ansatzpunkte für Nachhaltigkeit finden? Beteiligt waren zwei Krankenversicherungen, die IKK Nordrhein und SIGNAL Iduna IKK (inzwischen ist es eine IKK classic), drei Berufsgenossenschaften und zwei Integrationsämter[2]. Auf die einzelnen Projektphasen gehe ich nur kursorisch ein. In einer Konzeptionierungs- und Entwicklungsphase wurden für Einzelbetriebe gängige Modelle entwickelt. Wie kann man Inhaber dazu bewegen, tatsächlich stärker an ihren Belastungen und Beanspruchungen aus ihrem konkretem beruflichem Umfeld zu arbeiten? Wir haben in der Umsetzungsphase in verschiedenen Modellen ein prozessorientiertes Vorgehen ausprobiert, entsprechend evaluiert und anschließend Vorschläge für den Transfer entwickelt.

Abbildung 3: Beispielbetriebe und deren Interventionsmaßnahmen

Firma	Firma 1	Firma 2	Firma 3	Firma 4	Firma 5
Standort	Schwerte	Bochum	Iserlohn	Waltrop	Iserlohn
Gewerbe	Bäckerei	SHK	SHK	Schlosserei	Maler
BG	BGN	BG Bau	BG Bau	BGHM	BG Bau
Anzahl Mitarbeiter	ca. 21 MA	ca. 45 MA	ca. 22 MA	ca. 8 MA	ca. 30 MA
Bedarf	Maßnahmen auf Basis des Bonusprogramms	Prozess- und Arbeitssystem- analyse	Stressreduktion	Stressreduktion	Führungskräfte- training

Firma	Firma 6	Firma 7	Firma 8	Firma 9	Firma 10
Standort	Grefrath	Dinslaken	Krefeld	Wesel	Mönchengladbach
Gewerbe	Pflege	Steinmetz	Fenster/Fassaden	Elektrotechnik	KfZ
BG	BGW	BG Bau	BGHM	BG ETEM	BGHM
Anzahl Mitarbeiter	ca. 32 MA	ca. 9 MA	ca. 45 MA	ca. 45 MA	ca. 10 MA
Bedarf	Kommunikations- training / Konfliktmanage- ment	Kommunikations- training und Prozessanalyse	Prozessgestaltung zur Reduktion psych. Belastungen	Prozessgestaltung zur Reduktion psych. Belastungen	Führungskräfte- training

Die Modellbetriebe hatten 4 bis 45 Beschäftigte. Nachgefragte Themen aus den Unternehmen waren Belastungen und Beanspruchungen aus dem Bereich der Kommunikation, Konflikte mit Kunden, Prozesse zu analysieren,

---

2   Integrationsämter sind beauftragt, die berufliche Rehabilitation von Mitarbeitern mit gesundheitlichen Beeinträchtigungen zu fördern und sicher zu stellen. Es werden finanzielle Hilfen geleistet, um Wiedereingliederungsprozesse abzufedern bzw. zu ermöglichen (z.B. Hebehilfen zur Verfügung zu stellen; andere Bildschirme, wenn die Bildschirmwahrnehmung eingeschränkt ist usw.)

wie sie abgelaufen sind sowie Vorschläge zu machen, um psychische Belastungen aus diesen Prozessen wirksam zu reduzieren. Das Vorgehen orientierte sich an einer Verknüpfung von Belastungsanalysen mit Prozessanalysen. Ein Beispiel: Von einem Unternehmen sollen Fenster eingesetzt werden und Gerüste für eine Baustelle aufgebaut werden. Es liegen keine genauen Daten dafür vor, wie die Baustelle eigentlich aussieht. Der Inhaber hat sie besichtigt und gibt den Auftrag an seine Mitarbeiter weiter. Die stehen da vor Ort und wollen das Gerüst aufbauen und merken, dass ein Erker vorhanden ist, denn sie so nicht in ihrer Planung hatten. Sie müssen neues Material für das Gerüst holen und stellen fest, dass eine ältere Frau sie nicht rein lässt, um die Stromversorgung sicher zu stellen und merken, dass ihre Kollegen vorher vergessen haben, beim Beladen des LKWs die Akkuschrauber aufzuladen. Das befördert Stress für den Arbeitstag.

Ausgehend von diesem Problem setzten sich Beschäftigte und Inhaber gemeinsam zusammen und analysieren, was in konkreten Betriebsprozessen eine Belastung ausmacht. Die Belastungsanalyse wird mit einer Verbesserung der Arbeitsorganisation verknüpft. Der Prozess wird neu organisiert. Das heißt, die Mitarbeiter, die tatsächlich diese Baustelle in Angriff nehmen, fahren am Abend vorher zur Baustelle und machen ein Foto davon. Sie sprechen mit ihren Kollegen in dieser Arbeitsgruppe ab, dass die Akkus am Abend vorher an die Ladestation gehängt werden sollen und wer dafür verantwortlich ist. Das sind alles kleine Maßnahmen. Es geht darum, konkretes Handlungswissen in den Betrieben aufzubauen, um ihre Prozesse auch wirklich besser, belastungsfreier und auch zielgerichteter durchführen zu können.

Die Betriebe planen verschiedene Maßnahmen auf Basis des IKK Bonusprogramms. Die Innungskrankenkasse hatte sich früh überlegt, im Gegensatz zu anderen Krankenversicherungen, an Mitgliedsbetriebe, die Maßnahmen zur Gesundheitsförderung durchführen und einen bestimmten Qualitätsstandard erfüllen, einen Bonus zu geben. Auf der Basis des Programms wird in Betrieben, die Maßnahmen durchführen, ein kleiner Betrag für Beschäftigte ausgeschüttet. Der ist nicht besonders hoch, aber es ist ein Bonus. Manche Betriebe, und das sieht man an diesem kleinen Sample, nehmen aufgrund dieses Boni an diesem Programm teil, in dem es tatsächlich um Gesundheitsförderung geht. Der Rest hat schon bei der Feststellung von Bedarfen, konkrete Projekte zur Prozessgestaltung benannt, um etwas an den eigenen Belastungsbedingungen im Betrieb zu verändern.

Evaluation

Im Rahmen des Projektes „Erhalt und Förderung von psychischer Gesundheit in Klein- und Kleinstunternehmen" ging es in einem Teilziel um die Evaluation von vorhandenen Bausteinen in den Innungskrankenkassen. Bausteine etwa wie Führungsseminare für gesunde und sicherheitsgerechte Führung, die von der IKK bereits in ihrem Programm angeboten wurden, und Bausteine, in denen sie versucht haben, Arbeitsprozesse in Betrieben mit Hilfe von Betriebsbegleitern dahin zu optimieren, dass die Prozesse stressfreier durchgeführt werden können. Da gibt es zunächst einmal die Ergebnisse der quantitativen Evaluation. Die sind, wenn man ca. 200.000 Betriebe in der Fläche hat, als Zufallsstichprobe gezogen nicht repräsentativ. Aber es sind immerhin 1.200 Betriebe, die ausgewertet worden sind. Zur Hälfte Betriebe in denen Maßnahmen durchgeführt wurden. Zu diesen Betrieben sind Referenzbetriebe (ohne Maßnahmen) ausgewählt worden. Bei diesen Referenzbetrieben wurde geschaut, dass sie eine gleiche Ausgangssituation in den AU-Tagen hatten, aus gleichen Branchen kommen und dieselben Betriebsgrößen haben. In Bonusbetrieben hat nach einer anfänglichen Erhöhung von Ausfalltagen im ersten Jahr auf Grund von psychischen Erkrankungen eine kontinuierliche Verringerung stattgefunden über die nächsten vier Jahre. In den Referenzbetrieben ist das Erkrankungsgeschehen annähernd gleich geblieben, wie zu erwarten war, bzw. leicht gestiegen. Die quantitative Evaluation liefert Ergebnisse, die sich sehen lassen können. Jetzt müsste man überprüfen, was genau dies befördert. Es ist sehr intensiv in diesen Betrieben gearbeitet worden. Die Inhaber haben erprobte Konzepte übernommen. Sie haben das über mehrere Jahre weiter durchgeführt. Die Überprüfung des Transfers war auch Bestandteil der Evaluation.

Bei der qualitativen Evaluation, die noch nicht abgeschlossen ist (Stand Mai 2012), wurden die Umsetzungsmaßnahmen und die Zufriedenheit mit der Umsetzung erhoben. Bei der Wirksamkeitsüberprüfung von Maßnahmen aus 5 Betrieben, die damals relativ weit waren, sind 7 bis 29 Wochen nach dem Abschluss von den Maßnahmen 26 von 44 zu 75 Prozent abgeschlossen worden. Zu diesen Maßnahmen gehört auch das Beispiel, das oben vorgestellt wurde: Optimierung der Arbeitsvorbereitung anhand einer Baustelle. Das wäre so eine Maßnahme, die konkret durchgeführt worden ist und die dann in diesem Betrieb an dieser Stelle als abgeschlossen markiert worden wäre.

Die Rückmeldung im Rahmen unseres Projektauftrages an die IKK war, dass wir das Bonusprogramm nicht einfrieren würden. Dies war eine Überlegung bei der IKK, weil andere Krankenversicherungen z.B. so ein Bonusprogramm für wenig zielführend erachtet haben. Im Bereich der Kleinbetriebe sieht das anders aus. Das ist zwar nicht zielführend, um die Prozesse zu stabilisieren, aber zielführend, um Prozesse anzuregen. Stabilisieren sollen sie sich von alleine. Das ist der Unterschied zwischen extrinsischer und intrinsischer Motivation. Wenn man die entsprechenden Handlungskompetenzen zur Verbesserung von Prozessen in Betrieben erworben hat und diese Erfolg haben, wird man sie einsetzen. Sinnvoll ist es die aktiven Lernprozesse praktisch mit zu denken. Ein anderer Punkt, der von Bedeutung ist, ist die Auswahl der Modelle. Wenn das z.b. Obermeister aus dem entsprechenden Kreishandwerkerschaften sind, werden sie dieses Programm, wenn es erfolgreich ist, an ihre Innungskollegen weiter empfehlen. Das ist für uns wichtig, das sind vergleichbare Betriebe auf dem gleichen Niveau. Sie haben erfolgreich diese Maßnahmen durchgeführt und werden ihren Betrieben empfehlen, an diesem Programm teil zu nehmen.

Es gibt nach wie vor einen Unterstützungsbedarf bei diesen Betrieben. Und zwar bei der Durchführung von Detailanalysen. Dieser Unterstützungsbedarf wird nicht dadurch gedeckt, dass man irgendwelche Broschüren herausgibt oder eine CD zu Verfügung stellt oder ein Hochglanzprojekt macht. Das setzt voraus, dass man jemanden hat, der konkret über das Wissen verfügt, wie man solche Detailanalysen macht.

Zusammenfassung

Ich glaube, dass man auf diese Art und Weise tatsächlich eine Verbreitung in die Fläche erreichen kann. Aber man muss sich Gedanken darüber machen, wie man die entsprechenden Ressourcen zur Verfügung stellt. Es muss am praktischen Arbeitsplatzgeschehen ausgerichtet sein, nicht an den Leuchtturmprojekten.

Es sollte außerdem relativ unbürokratisch handhabbar sein. Es muss persönlich vermittelt werden. Man braucht Akteure, die in der Region Vertrauen genießen. Wenn das nicht der Fall ist, hat man bei kleinen Betrieben mittlerweile einen sehr schweren Stand. Sie sind beratungsresistent geworden. Warum? Weil sie Konzepte zur Personalauswahl von Personalberatern verkauft bekommen haben, die für den Bankbetrieb nützlich sind aber eben nicht für Kleinbetriebe, die im Dachdeckerbereich unterwegs sind. Sie haben Konzepte verkauft bekommen, die nichts taugen und damit haben sie ihre Stereotypen gegenüber Beratern wohlbegründet herausgebildet. Stereotype sind da, aber die haben in dem Fall natürlich auch einen Grund. Sie helfen möglicherweise dabei, nicht zu viel Geld zu verbrennen, wenn man falsche Beratungsinstanzen hat. Darüber muss noch einmal nachgedacht werden, wie man vorhandene Beratungsstrukturen sinnvoll nutzen und ergänzen kann, wenn man tatsächlich den Zugang zu der Fläche im Kleinbetriebssektor erhalten will.

Wir haben noch weitere Transferüberlegungen im Hinblick auf Nachhaltigkeitsträger angestellt. Ein Aspekt ist, Führungskräfteseminare in das konkrete Leistungsangebot zu übernehmen bzw. auszubauen. Diese Führungskräfteseminare bedeuten nicht Führung im Sinne von mitarbeiterorientierte Führung, wie man sie unter betriebswirtschaftlichen Führungsseminaren findet, sondern Führungsseminare, die sich mit den organisatorischen Komponenten der Führung beschäftigen. Die Mitarbeiter in Handwerksbetrieben sind eher nicht mit der mitarbeiterorientierten Variante der Führung oder deren Ausprägung der Führung unzufrieden. Sie sind mehr mit der aufgabenorientierten Variante unzufrieden. Wenn man Führungsseminare anbietet, sollen die eher dazu dienen, die Betriebsorganisation zu verbessern und tatsächlich versuchen, Belastungen gemeinsam mit den Mitarbeitern abzubauen. Das wäre der Fokus von diesen Seminaren. Sie wurden in das Leistungsangebot der Innungskasse überführt. Wir müssen bei den Fusionsprozessen abwarten, ob das auf Dauer erhalten bleibt. Ich hoffe, dass die IKK sie entsprechend weiter in ihrem Programm behält.

Gute Praxis heißt nicht *Best Practice*, sondern wirklich Modellbetriebe für die jeweiligen Branchen mit Ansprechpartnern ansteuern, die als Modell nicht zu fremd sind, sondern möglichst nahe am Selbstbild des Umsetzungsbetriebes.

Vieles, was im Bereich betriebliche Gesundheitsförderung läuft, hat eigentlich mit dem Betrieb nichts zu tun, weil es außerbetriebliche Gesundheitsförderung ist. Es hat keine Anbindung an ein konkretes Betriebsgeschehen. Da wird weder etwas an den Arbeitsorganisationsprozessen noch an Arbeitsgestaltung, noch an Fertigungsverfahren und an der Durchführung geändert. Das hat nichts mit betrieblicher Gesundheitsförderung zu tun. Betrieblich wird es dadurch, dass es im Betrieb angeboten wird. Ich habe schon mal für eine große niederländische Firma einen Vergleich angestellt zwischen

- klassischen Maßnahmen der Rückenförderung, wie sie sie in ihrem Programm hatte mit einem entsprechenden Gutschein, den man im Trainingscenter einlöst und
- Maßnahmen, die konkret an der Arbeitsgestaltung ansetzten.

Die Maßnahmen der Arbeitsgestaltung haben sehr viel besser abgeschnitten. Der Betrieb hat sich für den Rückenkurs entschieden. Es ist natürlich praktisch, wenn man nichts an der Arbeitsorganisation verändern muss. Inzwischen ändert sich das etwas. Die Betriebe sind offener geworden dafür, auch tatsächlich an Prozesse und Arbeitsgestaltung heran zu gehen. Es ist aber nicht überall gewünscht. Und worüber man sich natürlich Gedanken machen kann, ist, wie man die wenigen verbleibenden Nachhaltigkeitsträger dahin optimiert, dass sie eine Kleinbetriebsbetreuung auf den Weg bringen können. Da sehe ich ein großes Manko in dem, was zurzeit in unserer Landschaft passiert. Wenn man mehr Eigenständigkeit und Eigenverantwortung will, setzt dies voraus, dass die entsprechenden Handlungskompetenzen aufgebaut und gesteuert werden. Und dass man auch neue Akteure hat, die diese Selbstwirksamkeitserwartungen aufbauen, die dafür nötig sind, dass etwas als selbst stabilisierender Prozess auch wirklich läuft.

Was man braucht, sind eigene Erfolgserlebnisse im Umgang mit der Realisierung, wenn man eigenverantwortlich und selbständig solche Prozesse regeln soll. Dies muss irgendwie organisiert sein, um sich diese Erfolgserlebnisse holen zu können. Man muss stellvertretende Erfahrungen von Leuten als Modell haben, die für einen relevant sind und nicht Modelle, die irgendwie jenseits der Wolkengrenze schweben, wo man sich sagen kann: „Da komme ich eh nicht hin, da brauche ich mich gar nicht erst anzustrengen." Und man muss versuchen, diese Prozesse zu bekräftigen. Damit sind wir bei der verbalen Ermutigung. Selbst wenn sie gut laufen, muss man immer wieder betonen, dass sie gut laufen, damit sie sich auch wirklich stabilisieren. Dafür braucht man auch Akteure, die zumindest für diese Rückkopplungsschleife zur Verfügung stehen. Und was man bei all dem nicht vergessen sollte, man muss so etwas mit Handlungskompetenz unterfüttern: Handlungskompetenz für Inhaber und Handlungskompetenz für Beschäftigte.

LITERATUR

Bandura, A. (1977). Self-Efficacy: Toward a Unifying Theory of Behavioral Change. Psychological Review, 84 (2), S. 191-215.

Mey, M. Packebusch, L. & Weber, B. (2012). Erhalt der psychischen Gesundheit in Klein- und Kleinstunternehmen – Ein Leitfaden für Inhaber und Führungskräfte. Als PDF Version Download unter: http://befunt.de/uploads/media/Leitfaden_PsyGesund_Webversion.pdf.

Mey, M. & Packebusch, L. (2013). Führung als Instrument zur Reduktion psychischer Belastungen im Handwerk. In: GfA (Hg.), Chancen durch Arbeits-, Produkt- und Systemgestaltung – Zukunftsfähigkeit für Produktions- und Dienstleistungsunternehmen (S. 539-542). Bericht zum 59. Arbeitswissenschaftlichen Kongress vom 27.02. bis 01.03.2013 an der Hochschule Niederrhein, Krefeld. Dortmund, GfA-Press.

Mey, M. & Packebusch, L. (2013). Konzepte zur Betrieblichen Gesundheitsförderung in Kleinbetrieben. In: GfA (Hg.), Chancen durch Arbeits-, Produkt- und Systemgestaltung – Zukunftsfähigkeit für Produktions- und Dienstleistungsunternehmen (S. 785-788). Bericht zum 59. Arbeitswissenschaftlichen

Kongress vom 27.02. bis 01.03.2013 an der Hochschule Niederrhein, Krefeld. Dortmund, GfA-Press.

Mey, M., Packebusch, L. & Hensel, G. (2012). Evaluation und Optimierung eines Präventionsansatzes in Kleinbetrieben zur Reduktion von psychischen Belastungen. In: G. Athanassiou, S. Schreiber-Costa & O. Sträter (Hg.), Psychologie der Arbeitssicherheit und Gesundheit – Sichere und gute Arbeit erfolgreich gestalten – Forschung und Umsetzung in die Praxis (S. 77-80). Tagungsband zum 17. Workshop Psychologie der Arbeitssicherheit und Gesundheit 14.-16. Mai 2012. Kröning, Asanger Verlag.

Mey, M., Packebusch, L., Temme, M. & Langhoff, T. (2013). Projekt BeFunt – Zwei Ansätze der Arbeitssystemgestaltung in Kleinunternehmen zur Stärkung der psychischen Gesundheit. In: GfA (Hg.), Chancen durch Arbeits-, Produkt- und Systemgestaltung – Zukunftsfähigkeit für Produktions- und Dienstleistungsunternehmen (S. 467-470). Bericht zum 59. Arbeitswissenschaftlichen Kongress vom 27.02. bis 01.03.2013 an der Hochschule Niederrhein, Krefeld. Dortmund, GfA-Press.

Zapf, D. (2001) Unveröffentlichtes Referat. Prävention von arbeitsbedingten Gesundheitsgefahren und Erkrankungen, 7. Erfurter Tage.

Clara Schlichtenberger

Zwischen Referenzrahmen und Brancheneffekten

Talkrunde 4, moderiert von Ursula Weidenfeld mit Gisela Mohr, Lutz Packebusch und Kathrin Röggla

Ursula Weidenfeld eröffnete mit dem Hinweis, wie wichtig es sei, einen Referenzrahmen zu haben, das habe bei den beiden vorangegangenen Vorträgen gezeigt.

Kathrin Röggla bemerkte, dass sie bei dem Vortrag von Gisela Mohr an das letztjährige Theatertreffen denken musste, wo die Frage aufkam, wie viele Intendantinnen es gäbe und wie viele Regisseurinnen. Bei den Intendantinnen wären es etwa 23 Prozent. Eine Quote hätten in der Diskussion die meisten aber abgelehnt, da vermutet wurde, dass dies mit einer Qualitätsminderung einher ginge. Nach der Diskussion seien schwedische Journalistinnen auf sie zugekommen, um ihr Erstaunen darüber zum Ausdruck zu bringen, dass die Diskussion in Deutschland immer so geführt würde, als ob eine Quote zu Ungunsten der eigentlich besseren Männer ausgine. In Schweden würde es eher als Qualitätsminderung angesehen, wenn man die Quote nicht einführe. Sie ergänzte, dass in einem ihrer Seminare in St. Gallen angehende Manager erzählt hätten, ihnen sei zu Studienbeginn geraten worden, zur besseren Vernetzung einer Studentenverbindung beizutreten.

Weidenfeld fragte Mohr, wie sie die Bedeutung der proaktiven Vernetzung einschätze. Diese antwortete, es ginge ja nicht um Netzwerke per se, sondern darum, dass in diesen Netzwerken die richtigen Personen, z.b. entsprechende Entscheidungsträger, säßen.

An Packebusch gewandt, formulierte Weidenfeld die Frage, ob es in kleinen und Kleinstunternehmen ein großes Interesse an Gesunderhaltung und Vermeidung von psychischen Erkrankungen gebe, oder ob man da noch viel Arbeit investieren müsse.

Packebusch erwiderte, dass sich allein aufgrund der demographischen Entwicklung, z.b. im Dachdeckergewerbe, die Arbeitsorganisation ändern müsse, um eine frühe Verrentung zu vermeiden. Die altersdifferenzierte Arbeitsorganisation nehme zu.

Weidenfeld fragte Mohr, ob es nicht Sinn mache, Frauen in bestimmte Männerberufe zu drängen. Mohr erwiderte, dass es – wie durch entsprechende Statistiken nachzuweisen – ganz klar Brancheneffekte gebe. Interessant sei z.b. der Versicherungsbereich, wo die Mehrzahl der Beschäftigten weiblich sei, aber ein sehr geringer Anteil davon in Führungspositionen arbeite. Bei Konzernen, die sich per Selbstverpflichtung entschieden hätten, mehr Frauen in Führungspositionen zu bringen, läge die Quote zwischen 12-30 Prozent. Die Frage stelle sich, warum es nicht 50 Prozent seien. Eine Viertel der Studienplätze in den Ingenieurswissenschaften seien von Frauen belegt, aber die Quote der Frauen bei Neueinstellungen liege bei 10 Prozent.

Röggla merkte an, dass man hier über Führungspositionen rede. Man solle aber nicht aus den Augen verlieren, dass es eines großen Maßes an Regularien bedürfe, um die Absicherung und die Gehaltsangleichungen von Frauen z.b. im Dienstleitungsgewerbe durchzusetzen.

Markus Albers

Willkommen in der Meconomy

Spätestens die Weltwirtschaftskrise hat uns die Grenzen vieler Werte und Regeln aufgezeigt, die noch unseren Eltern Sicherheit und Verlässlichkeit boten. Wir ahnten es schon, aber jetzt war es unübersehbar – kaum noch etwas bot existenzielle Sicherheit: der lebenslange Job? Die großen Unternehmensmarken? Die Altervorsorge? Marode oder komplett hinfällig. Die scheinbare Berechenbarkeit unseres Lebensrhythmus, der tägliche Weg zur Arbeit, das nur scheinbar vernünftige Fondssparen – alles schien plötzlich hoffnungslos veraltet, unzuverlässig, falsch.

Man konnte in diesen Katastrophenmeldungen eine gute Nachricht entdecken: Denn was erwartet uns statt des patriarchalischen Systems von Rheinischem Kapitalismus, statt Reihenhaus und Rente? Vielleicht ja ein Leben, das wir schon seit einigen Jahren vorgeschmeckt haben, das wirklich zu kosten uns aber immer zu risikoreich erschien. Ein Leben, das uns Freiheiten, Entscheidungsoptionen und Wege der Selbstverwirklichung eröffnet, die noch vor wenigen Jahren undenkbar waren.

Die Menschen hätten wieder gelernt, sich auf ihre Fähigkeiten zu verlassen, sagt Andrew Tuck, Chefredakteur der britischen Zeitschrift „Monocle", der Stimmen aus aller Welt zu diesem Thema veröffentlicht: „Es gab schreckliche Verluste für viele, aber auch einige heilsame Korrekturen." Tuck glaubt, dass es nun einfacher ist, sich neu zu erfinden: „Ich kenne Menschen, die vom Fotoagenten zum Koch umgeschult haben oder vom Banker zum Bauern und die in beiden Bereichen gut sind. Ich finde das toll. Es ist nie zu spät, zu tun, woran einem wirklich liegt." Viele hätten in und nach der Krise gelernt, was sie wirklich glücklich macht.

Tu, was Du liebst, heißt es, dann wirst Du keinen Tag Deines Lebens arbeiten. Was früher nach schwülstiger Selbstfindungsromantik klang, wird heute plötzlich möglich. Nicht zuletzt die digitale Ökonomie macht es einfacher und zugleich notwendiger, Zielgruppen, Anhänger und Märkte für Tätigkeiten und Produkte zu finden, für die wir brennen. Das Leben wird zu einem Baukasten der Möglichkeiten. Modular können wir uns genau jene Teile zusammensetzen, die zu uns passen.

Das ist erstens einfacher, weil sich viele Geschäftsmodelle ändern. *What would Google do?*", fragt der amerikanische Autor Jeff Jarvis und gibt die Antwort für diverse Branchen: Auch sie müssen sich neu erfinden – müssen viele ihrer ehemaligen Geschäftsgeheimnisse offenlegen und ihre Produkte von Kunden und Subunternehmern auf unerwartete Weise remixen lassen. Chris Anderson, Chefredakteur der klugen Technologiezeitschrift „Wired", hat als neuen Trend *Free* identifiziert – das Verschenken von Produkten und Dienstleistungen, um dann auf verschiedene neue Weisen doch wieder Geld zu verdienen. Fest steht: Die meisten Unternehmen haben heute noch keine Antwort auf diese Veränderungen.

Das bedeutet zweierlei: 1. Egal wie stabil und groß unser Arbeitgeber bislang war – sein Erfolg in der Zukunft – und damit unser Job – ist ungewiss. 2. Die Barrieren für einen erfolgreichen Markteintritt neuer Player sind so niedrig wie nie. Wenn niemand weiß, wie es weitergeht, können genauso gut wir es sein, die die Zukunft miterfinden. Wir sind im positiven Sinne auf uns selbst zurückgeworfen. Die kleinste sinnvolle Einheit, auf die wir uns in der Wissensgesellschaft verlassen können, ist unser Kopf, sind wir selbst.

Gleichzeitig machen die neuen Kommunikationstechnologien auf der Basis von Internet und mobilen Services das Bilden, Motivieren und Mobilisieren von Gruppen immer einfacher. So kann heute jeder von uns zum Anführer seines eigenen „Stammes" werden, wie der Marketing-Experte Seth Godin das nennt. Die heute 18- bis 25-Jährigen gelten schon jetzt als die „kreative Generation", denn sie sind es gewohnt, nicht nur zu konsumieren, sondern genauso selbstverständlich zu produzieren. Auch dies ist für jeden von uns eine nie dagewesene Chance der Selbstverwirklichung. Wie wenige bringt Godin knackig auf den Punkt, was genau so anders ist an der neuen Wirtschaftsordnung, die wir *Meconomy* nennen wollen.

Er prägte den Begriff der *tribes*, zu Deutsch „Stämme", um die neuen Beziehungsgeflechte zwischen Menschen zu beschreiben. Stämme gab es schon immer: Die Einwohner einer Kleinstadt waren ein Stamm, alle Leichtathleten in Thüringen bildeten einen Stamm oder die Hamburger SPD-Mitglieder. Bei diesen alten Stämmen spielte die Geografie eine zentrale Rolle. Das Internet hat diesen Geografiebezug eliminiert. Heute existieren unendlich viele Stämme nebeneinander, große und kleine, horizontale und vertikale. Wir alle sind Mitglied in viel mehr Stämmen als früher: Stämme, mit denen wir gemeinsam arbeiten, reisen, einkaufen. Stämme, mit denen wir über Politik diskutieren, denen wir unsere Fotos zeigen, die dieselbe Musik mögen wie wir oder die uns ihre Kochrezepte verraten.

Wir haben immer mehr Werkzeuge zur Verfügung, um die Mitgliedschaft in diesen Stämmen zu organisieren und um uns mit den anderen Mitgliedern zu verbinden: *Facebook* und *Xing*, *Twitter* und *Basecamp*, *EMail* und *Websites*. Alle diese Stämme, so Godins Theorie, suchen Anführer. Und der Anführer, das können Sie sein. Am besten, Sie gründen selbst einen Stamm. Was der Gegenstand sein könnte, das Thema, das Produkt? Da horchen Sie am besten tief in sich hinein und fragen sich, wozu Sie am allermeisten Lust hätten. Was ist Ihre Leidenschaft? Wofür brennen Sie? Genau das sollte Thema Ihres Stammes werden. Godins Kernthese lautet, dass die neue Wirtschaftsordnung Leidenschaft belohnt. „Bei Stämmen geht es um Glauben", so der Amerikaner: „Glauben an eine Idee, an eine Gemeinschaft. Glauben Sie an das, was Sie tun? Jeden Tag? Es stellt sich heraus, dass Glauben eine brillante Strategie ist." Geht es nach Godin, ist das Leben zu kurz, um Mittelmäßiges zu produzieren. Und fast alles, was heutzutage Standard sei, gelte den Menschen als mittelmäßig, also langweilig.

„Das Resultat ist, dass viele sehr gute Leute den Tag damit zubringen, zu verteidigen, was sie tun", so der Autor, „damit, das zu verkaufen, was sie immer verkauft haben, und zu verhindern versuchen, dass ihr Unternehmen von den Mächten des Neuen aufgefressen wird. Es muss sie sehr anstrengen. Mittelmäßiges zu verteidigen, ist aufreibend." Wer bei Opel arbeitet, bei Karstadt oder bei einer Tageszeitung, weiß, was gemeint ist.

Was, wenn die eigene Leidenschaft abseitig ist, oder zu speziell um damit Geld zu verdienen? Bevor man das entscheidet sollte man die „1.000-Fans"-Regel von Kevin Kelly, Internet-Legende und Mitgründer des Magazins *Wired* anwenden. Sie besagt, dass in der Regel 1.000 wahre Fans reichen, um einen Künstler oder ein kleines Geschäft zu ernähren. Ein wahrer Fan laut dieser Definition bringt drei Freunde mit zum Konzert. Kauft die teure Hardcover-Ausgabe eines Buches, statt nur auf der Website des Autors herumzuklicken. Fährt quer durch die Stadt, um in genau diesem Laden jene Schokolade zu kaufen. Und vor allem verstärkt er die Wirkung des Stammes, erzählt weiter, wie großartig es ist, Fan zu sein von: genau – von Ihnen.

„Es gibt heute keinen Grund mehr, Dinge zu tun, die man hasst", sagt der junge amerikanische Unternehmer Gary Vaynerchuk, der die Leitung eines Weingroßhandels mit Millionenumsätzen aufgab, um seinen Traum zu verwirklichen: Er ist seit Kurzem der erfolgreichste Videoblogger zum Thema Wein, verbreitet seine Sendung täglich übers Internet und lehnt Angebote von TV-Sendern ab. Vaynerchuk wurde damit zu einer der Galionsfiguren der *Meconomy*: „Sie sollten sich fragen: Was will ich jeden Tag tun, bis ans Ende meines Lebens? Und dann müssen Sie genau das tun. Ich schwöre, dass Sie es monetarisieren können."

Eine Botschaft, die auch in Deutschland ankommt in der Zielgruppe junger, gut ausgebildeter Arbeitnehmer, die einmal zu oft enttäuscht worden sind. Die Zahl der Selbständigen in freien Berufen steigt in Deutschland im Schnitt um fünf Prozent pro Jahr. Ausgerechnet in den Krisenjahren 2009 und 2010 wurden in Deutschland erstmals seit Kriegsende mehr Unternehmen gegründet als Pleite gingen. 396.000 Menschen machten sich 2011 im Vollerwerb selbständig. Seit 2008 steigt diese Zahl an.

Heißt das nun also, dass wir alle selbstständige Kleinunternehmer werden sollen, *Blogger*, oder Künstler? Sicher nicht. Organisationen sind nach wie vor wichtig. Sie produzieren Effizienzgewinne, erlauben es, Prozesse zu skalieren und reduzieren Komplexität. Aber, so Godin: „Die Organisationen der Zukunft bestehen aus smarten, schnellen, flexiblen Menschen, die auf einer Mission sind." Stämme können auch innerhalb von Organisationen entstehen. Rund um denjenigen, der die innovative Idee hatte, um diejenige, die Kollegen mit ihrem Enthusiasmus begeistert, um den, der nicht nur Dienst nach Vorschrift macht. Herausfinden, wofür man brennt, das dann publik machen und so Fans um sich sammeln, um gemeinsam daran zu arbeiten – all das kann man auch im Unternehmen tun, am Arbeitsplatz. Man muss es sogar tun, um nicht entweder an Langeweile einzugehen oder wegen Farblosigkeit gekündigt zu werden.

„Jeder Mensch ist letztlich eine Marke, mit der man pfleglich umgehen sollte", sagt der deutsche Kommunikationsberater und *Reputation Manager* Klaus Eck: „Gerade in Krisenzeiten kommt es darauf an, sich positiv von anderen zu unterscheiden und aufzufallen. Das *Personal Branding* erlaubt es, die eigenen Stärken zu betonen und in der digitalen Öffentlichkeit sichtbar zu machen." Heute seien die besten Wissensarbeiter gefragt, die selbständig agieren und ihren Beitrag zu einem Unternehmen leisten. „Je mehr wir es erleben, dass Unternehmen lieber mit flexiblen Freien oder Zeitarbeitern zusammenarbeiten als mit Festangestellten, desto mehr kommt es auf das *Personal Branding* an. Schließlich sind externe Mitarbeiter schnell austauschbar und müssen ein klares Alleinstellungsmerkmal haben."

Zudem müssen wir neue Fähigkeiten erwerben und können dabei neue Lerntechniken anwenden. Zum Glück gibt es dafür bereits einige Vorbilder, die zeigen, wie man in der *Meconomy* erfolgreich sein kann. Der Begriff des *Lifehacking* stammt aus der amerikanischen Computerszene. Gemeint waren ursprünglich Produktivitätstricks, die Programmierer erfanden und anwandten, um der täglichen Informationsflut Herr zu werden. Das Schlagwort des *Lifehacking* wurde immer erfolgreicher und dabei erweiterte sich die Bedeutung vom rein computertechnischen hin zu „eigentlich allem, das ein alltägliches Probleme auf clevere, nicht-offensichtliche Art löst", wie es auf Wikipedia heißt.

Lifehacker sind auf der steten Suche nach Selbstverbesserung, sind immer dabei, sich neue Fähigkeiten anzueignen. Die Protagonisten dieser Lehre einerseits nah an der klassischen Selbsthilfeliteratur, agieren jedoch andererseits auf einem strikt pragmatischen und alltäglichen *Level* von Selbstversuch und Lebenspraxis. Sie verbreiten und vermitteln ihre teils durchaus verblüffenden Erkenntnisse in weltweiten Online-Netzwerken – Seth Godin würde sagen: Stämmen –, die ihre Ideen diskutieren und weiterentwickeln.

In wenigen Wochen Japanisch lernen? Innerhalb eines Monats vom Spargeltarzan zum Muskelmann werden? Als Anfänger Tango tanzen und Preise gewinnen? Tim Ferriss, Buchautor des Bestsellers „Die 4-Stunden-Woche" praktiziert seit geraumer Zeit eine Technik, die er als *Effortless Skill Acquisition* bezeichnet – als mühelosen Erwerb neuer Fähigkeiten. Er nimmt sich Bereiche vor, in denen er sehr schlecht ist oder die er aus anderen Gründen beherrschen möchte. Er dekonstruiert die gängigen Lehrmethoden, sucht nach impliziten Regeln, die in der expliziten Anleitung nicht vorkommen, und schafft es so tatsächlich, innerhalb kürzester Zeit Dinge zu lernen oder zu erreichen, für die andere Jahre brauchen würden.

Auch Ferriss teilt seine praktischen Tipps und systematischen Erkenntnisse, auf die er dabei stößt, per *Blog*, Internetvideos und *Twitter* mit aller Welt. Seine Leser ergänzen die Techniken um eigene Hinweise und Kommentare. Auf diese Weise entsteht ein weltweites Netz der Tipps und Tricks, das von vielen Nutzern gemeinsam ständig weiterentwickelt, verändert, optimiert wird. Dank dieser speziellen Form des *E-Learning* profitiert jeder Leser der Website von seinem Wissen. Ist Ferriss eitel, leidet er an Selbstüberschätzung? Natürlich. Aber diese Hybris entspringt aus einer Annahme, die in der *Meconomy* eine zentrale Rolle spielt: Spezialisten werden es in einer Welt, in der Wissen immer schneller veraltet, zunehmend schwer haben. Es lohnt, sich als Generalist zu sehen, von möglichst vielen Dingen zumindest so viel zu verstehen, dass man sie beherrscht – Perfektion ist dabei nicht nötig, das Streben danach manchmal eher hinderlich.

Generalisten wie er lernen konzentriert bis zu jenem Punkt, an dem die Fortschritte schnell kleiner werden. In einer Welt voller dogmatischer Spezialisten sind es die Generalisten, die den Ton angeben. Die Generalisten, die das große Ganze sehen, sorgen für Innovationen und treffen die Entscheidungen. Dazu kommt: Begabung ist nicht in erster Linie angeboren, sondern entsteht durch Übung. Der amerikanische Wissenschaftsjournalist Malcolm Gladwell hat in seinem Buch „Überflieger" die Bedeutung von Förderung und Routine für die Entwicklung selbst spektakulärer Talente wie den Beatles oder Bill Gates betont.

Auch aus psychologischen Gründen sollten wir versuchen, möglichst viele Dinge auszuprobieren und uns immer wieder neue Fähigkeiten anzueignen. In einer Welt, in der zumindest in den entwickelten Ländern die menschlichen Grundbedürfnisse mit einem niedrigen Einkommen befriedigt werden können, ist es ein Mangel an intellektueller Stimulation, nicht an übermäßigem materiellen Reichtum, der uns in Versagensgefühle und Depression treibt. Wer sich als Generalist sieht und mit seinem Leben experimentiert, verhindert die Sinnkrise, wer sich übermäßig spezialisiert, befördert sie vermutlich.

Der Generalist maximiert die Anzahl von herausragenden Erlebnissen in seinem Leben und genießt es, Dinge zu lernen, ohne dabei stets an den materiellen Gewinn zu denken. Dabei wird er automatisch jene wenigen Fähigkeiten entdecken, die perfekt zu beherrschen im tatsächlich liegt. Der Spezialist, der sich selbst auf Eindimensionalität beschränkt, auf das Eifern nach einer unmöglich zu erreichenden Perfektion, verbringt Jahrzehnte in Stagnation oder mit minimalen Fortschritten, „während der neugierige Generalist seine Fortschritte in Quantensprüngen misst. Nur der Letztere wird den Prozess genießen, nach Exzellenz zu streben."

Bei diesem lebenslangen Lernen, das vom Schlagwort zur Lebenswirklichkeit avanciert ist, hilft wiederum die Technologie: Bereits im März 2009 startete *YouTube* einen neuen Service, der es noch einfacher macht, sich neue Fähigkeiten anzueignen. Unter dem Titel „EDU" kann man hier Lehrfilme verschiedener amerikanischer Universitäten anschauen, thematisch sortiert in unterschiedlichen Kanälen. Auch hierzulande gibt es einen großen Trend, das Internet zu nutzen, um etwas zu lernen, um besser zu werden. Etwa jeder fünfte Deutsche bildet sich am Computer weiter.

Zwei Vorteile sind dabei fürs Medium einzigartig und historisch einmalig: Die Produktion von Inhalten und der Vertriebsweg sind extrem einfach zu handhaben, günstig bis kostenlos, nahezu flächendeckend und vor allem zeitversetzt nutzbar. Niemand muss mehr zu einer bestimmten Zeit an einen bestimmten Ort fahren, um das einmalige Expertenwissen einer Person anzuzapfen. Theoretisch muss auch der Lehrende selbst nicht mehr sein Büro oder seine Wohnung verlassen, um Wissen zu teilen. Der zweite Vorteil: Online können auch jene Experten ihr Wissen teilen, die nicht an Unis unterrichten, und es kann sich ein Netzwerk aus Schülern und Lehrern, aus Wissenden und Betroffenen bilden, die sich gegenseitig Tipps geben, weiterhelfen und motivieren.

Die Marginalkosten einer qualifizierten Ausbildung gehen zunehmend Richtung null. Bildung wird erschwinglich, das ist für Menschen in unterentwickelten Ländern ebenso relevant wie für sozial Schwache in Industrienationen. Diese neue und bemerkenswerte Entwicklung wird auch möglich dank Initiativen wie der *OpenCourseWare* des *MIT* und dem Projekt *Flat World Knowledge*, das von Experten verfasste digitale Lehrbücher umsonst anbietet, nur für die Papierversion Geld verlangt und bereits an diversen amerikanischen Universitäten verwendet werden. Oder der *University of the People*, einem gemeinnützigen UN-Projekt, das per Internet und *Social Media Online*-Kurse und die Weitergabe von Wissen unter Studierenden fördert, die sich diese Ausbildung normalerweise nie leisten könnten. Bildung kann also nahezu kostenlos sein, denn es liegt in der Natur von Wissen und Informationen, dass sie – einmal in Form gebracht – kostenlos digital verbreitet und immer wieder konsumiert werden können.

Zumindest in Fällen, wo wir klar umrissene neue Fähigkeiten erwerben wollen – wie schneidet man ein Video mit *Final Cut Pro*, wie spricht man die ersten Worte Französisch – können wir Videos und Websites nutzen, um uns selbst etwas beizubringen. Es werden dabei neue Bildungsmodelle entstehen, Jeff Jarvis nennt zum Beispiel die Lehre im Abo: „Ich abonniere einen Lehren-den oder eine Institution und erwarte, dass sie mich im Lauf der Jahre mit neu-en Informationen, Herausforderungen, Fragen und Antworten füttern." Uni-versitäten könnten ihren Absolventen Auffrischungen und Updates anbieten. Bildung könnte eher einem Club ähneln als einer Klasse. Denn auch wenn sich vieles verändern wird und verändern muss, bedarf es auch in der Zukunft kompetenter Lehrer. Natürlich kann keine Fachquali-fikation allein aus dem Anschauen von Internetvideos entstehen. Mit derarti-gen Hilfsmitteln wird man vielleicht seine Fremdsprachenkenntnisse verbes-sern – ein Chirurg oder Pilot sollte intensiver ausgebildet sein. Oft wissen wir nicht, was wir nicht wissen, und gerade eine gesunde Allgemeinbildung wird in Zukunft von Schulen und Universitäten vermittelt werden müssen. Dafür wäre reines *E-Learning* ein schlechter Ersatz. Auch zwischenmenschliche Fä-higkeiten erlernen Kinder nur in Interaktion mit anderen unter Aufsicht eines Erwachsenen, der die Regeln vorgibt. Dies infrage zu stellen, wäre technoopti-mistischer Irrsinn.

Fragt man Kinder, was sie später einmal werden wollen, sagen sie selten: Sachbearbeiter in einem Versicherungsunternehmen. Oder Optimierer von *Google-Rankings* oder *Senior Account Manager*. Kinder haben konkrete, hand-feste Vorstellungen von Arbeit. Der sprichwörtliche Feuerwehrmann oder Lo-komotivführer mag heute nicht mehr an erster Stelle infantiler Jobwünsche ste-hen, vielleicht aber doch Arzt, der Ladenbesitzer oder der Geheimagent. Dafür zu plädieren, solche Träume als Erwachsener in jedem Fall umzusetzen, wäre naiv, sogar fahrlässig. Diese Vorstellungen als irrelevant abzutun, hieße aber, einen wichtigen Aspekt dessen auszublenden, was uns menschlich macht: die Fähigkeit, uns selbst in fiktive, idealisierte Kontexte hineinzublenden. Uns vor-zustellen, was wäre, wenn. Nur so entstehen Pläne, Visionen, nur so entsteht Neues.

Die Frage, warum wir nicht alle Lokomotivführer oder Geheimagenten wer-den können, lehrt uns zugleich eine wichtige Lektion über das Berufsleben und damit über unsere Gesellschaft: Wir sind zwar, „zumindest in der industriali-sierten Welt, die einzigen Tiere, die sich nach jahrtausendelanger Anstrengung von der aufgeregten Suche nach der nächsten Nahrungsquelle befreit haben und uns dadurch neue Zeitspannen eröffnet haben – in denen wir Schwedisch lernen können, Differenzialrechnung pauken oder uns über die Authentizität unserer Beziehungen sorgen", so der britische Philosoph und Bestsellerautor Alain de Botton in seinem Werk „The Pleasure and Sorrows of Work" – „Über die Freuden und Mühen der Arbeit".

Dennoch, so de Botton, ist unsere moderne Welt keineswegs jenes Paradies des Überflusses, das sich unsere Vorfahren im Mittelalter erträumt haben. „Die klügsten Köpfe verbringen ihr Arbeitsleben, indem sie Funktionen von unfassbarer Banalität vereinfachen oder beschleunigen." Ingenieure schreiben Abhandlungen über die Geschwindigkeiten von Scanner-Maschinen, so der Feingeist erschüttert, und Berater widmen ihre gesamte Karriere der Implementierung kleiner Einsparungen in den Arbeitsabläufen von Regalpackern und Gabelstaplerfahrern. Kein Wunder, dass wir Zorn empfänden über unser Eingesperrtsein. Dass unter unserer gesetzestreuen und folgsamen Oberfläche eine Wut koche, angesichts des Preises, den wir für unsere tägliche Unterwerfung am Altar der Besonnenheit und Ordnung zahlten. Denn in Wahrheit strebten wir doch – kurz gesagt – tief im Innern alle nach einem sinnvollen Job.

Gleichzeitig ist es vielleicht eine der Tragödien unseres modernen Lebens, dass wir von uns selbst erwarten, Erfüllung ausgerechnet in unserer Arbeit zu finden, persönliches Glück ausgerechnet aus jenem Lebensbereich zu ziehen, den frühere Generationen als diesem so diametral entgegengesetzt empfanden.

Im vierten Jahrhundert vor Christus definierte der griechische Philosoph Aristoteles das Verhältnis zur Arbeit auf eine Weise, die fast zweitausend Jahre bestand haben sollte: Wer bezahlte Arbeit ausführen musste – und zwar sowohl handwerkliche als auch kaufmännische – war auf einer Stufe mit Sklaven und Tieren anzusiedeln. Arbeit führte zu psychologischen Deformationen. Nur wer vermögend genug war, ein Leben in Freizeit und ohne Mühsal zu führen, galt als Bürger, der die Freuden von Musik und Philosophie genießen konnte.

Das frühe Christentum hatte dem wenig Erbauliches hin- zuzufügen. Arbeit galt hier als angemessene und unveränderliche Art, Sühne für den Sündenfall zu leisten. Erstmals fand sich in der Renaissance der Gedanke, dass praktische Aktivitäten etwas Nobles, Erfüllendes haben könnten. Leonardo da Vinci und Michelangelo waren Genies, aber eben auch Handwerker. Die Mitte des 18. Jahrhunderts erschienene 27-bändige Enzyklopädie von Diderot und D'Alembert pries dann erstmals in vielfältigen detaillierten Einträgen solch vormals als niedrig empfundene Tätigkeiten wie Brot backen, Buchdruck, Spargel pflanzen, eine Windmühle betreiben oder einen Anker schmieden. Diderot plädierte offen dafür, nicht nur die „liberalen" Künste – also Aristoteles` Musik und Philosophie –, sondern auch die „mechanischen" wertzuschätzen. Die bourgeoisen Denker stellten Aristoteles auf den Kopf: „Es schien nun so unmöglich, dass jemand glücklich und unproduktiv sein kann, wie es zuvor unwahr- scheinlich schien, man könne zugleich arbeiten und menschlich sein", fasst de Botton zusammen.

Damit begann für ihn jener Anspruch, der uns heute mehr denn je umtreibt: Arbeit soll immer auch Selbstverwirklichung sein. Um herauszufinden, wie diese historisch also relativ neue Idee unser heutiges Denken prägt, besucht Alain de Botton einen Karriereberater, der ja genau für jene Übereinstimmung sorgen soll. Dieser Herr sagt etwas sehr Interessantes: Die am meisten verbreitete und am wenigsten hilfreiche Illusion, die seine Kunden plage, sei jene, dass sie irgendwie im Verlauf der Ereignisse intuitiv hätten wissen müssen, was sie mit ihrem Leben anfangen sollten – „lange bevor sie ihre Abschlüsse gemacht hatten, ihre Familien gegründet, Häuser gekauft oder an die Spitze von Anwaltskanzleien aufgestiegen sind. Sie quälten sich mit der Vorstellung, dass sie wie durch einen Fehler oder selbstverschuldete Dummheit ihre wahre ‚Berufung' verpasst hatten."

Genau das ist aber Unsinn. Der Psychologe Abraham Maslow war es, der gesagt hat: „Es ist nicht normal, zu wissen, was wir wollen. Es ist eine seltene und komplizierte psychologische Leistung." Die Frage ist also nicht, ob wir schon als Kinder wussten, dass wir Arzt werden wollten, und wieso es uns nicht gelungen ist, diese tief in uns angelegte Bestimmung umzusetzen. Die Frage ist vielmehr, warum wir nicht öfter bereit sind, uns selbstkritisch und vorbehaltlos zu befragen, um herauszufinden, was wir jetzt wollen. Wie wir uns unser Leben in fünf oder zehn Jahren vorstellen. Und was wir sofort konkret unternehmen müssen, um die ersten Schritte auf dem Weg dorthin zu machen.

Es ist nicht unser fünfjähriges Ich, das uns unser heutiges Leben mit einem schlechten Gewissen verderben sollte – es sind vielmehr jene Weichen, die wir als Pubertierende stellten, die heute womöglich nicht mehr die richtigen sind. Die meisten Menschen „beschränken sich darauf, ihr gesamtes Erwachsenenleben in Jobs zu arbeiten, die ihre 16-jähriges Selbst ohne nachzudenken ausgewählt hat", so de Botton.

Es geht nicht darum, dass in jedem von uns ein Genie schlummert, das nur gefunden werden will. Mit 30 wird man kein Geigenvirtuose mehr und wer mit 40 beschließt, in die Politik zu gehen, um Bundeskanzlerin zu werden, ist wohl auch etwas spät dran. Es geht aber darum, dass nicht alle Entscheidungen mit 20 gefällt sind und wir uns von da an auf vorgegebenen Bahnen durchs Leben bewegen müssen. Unsere Welt wird immer unberechenbarer, volatiler. Wenn keiner genau weiß, welche Unternehmen in zehn Jahren erfolgreich sein werden, welche neuen Jobprofile in fünf Jahren die begehrtesten sind, dann bedeutet das auch eine Chance, sich nicht abzufinden.

Wir gehen nicht durchs Leben, um eine angeborene Bestimmung umzusetzen und unglücklich zu sein, wenn uns dies nicht gelingt. Wir sollten vielmehr immer wieder bereit sein, uns selbst zu fragen: Was will ich eigentlich heute? Wir müssen nach dieser Wahrheit suchen, und auch wenn die Antwort selten klar und eindeutig ausfallen wird, sollten wir doch bereit sein, auf das hinzuarbeiten, was uns wirklich Spaß machen könnte. Das wird in verschiedenen Lebensphasen unterschiedlich sein. Unser Leben ist nicht statisch, warum sollte es also unser Job sein? Es wird Zeit, dass wir anfangen, uns immer mal wieder zu erfinden. Das Ziel kann dabei ein durchaus schlichtes sein: dass unsere Arbeit Spaß macht und unsere Leidenschaften zumindest teilweise dazu beitragen, unseren Lebensunterhalt zu sichern. Wie wir gesehen haben, wird das keine einfache Mission. Wir sollten zumindest eine Annäherung versuchen.

Johannes Czwalina

Bewusste Lebensgestaltung für die Arbeitswelt der Zukunft

I Einführung

Über viele Jahrhunderte hindurch galt: Der Wert der Arbeit als Garant für die Würde des Menschen war ebenso wichtig wie ihre materielle Ausbeute, um die sich heute oft zwanghaft unser Denken dreht. Gibt es heute noch so etwas wie Erfüllung in der Arbeit?

Die Konzentration auf die Gewinnmaximierung der Arbeit reduziert unsere Lebensqualität. Das wird sichtbar daran, wie wenig *happiness* der Arbeitsmarkt zu Tage fördert und daran, dass so viele Menschen auf ihrer Arbeitsstelle unter fehlender Wertschätzung leiden.

Fragen, die mich beschäftigen:

- Was können wir aus der Vergangenheit lernen?
- Welches Verständnis von Arbeit war lebensdienlich, welches hinderlich? Welche neuen Formen von Arbeitsverständnis sind zu entwickeln?
- Können wir so weitermachen wie bisher?
- Auf welche veränderte soziale und persönliche Zukunft müssen die Menschen vorbereitet werden?
- Wie verkraften die Menschen diese Veränderungsprozesse seelisch?
- Wie muss Führung in der neuen Arbeitswelt ausgelegt sein? Welche Persönlichkeit ist erforderlich?
- Welche Lebensentwürfe können Auswege und neue Perspektiven bieten?

II Wie sich die Bedeutung der Arbeit gewandelt hat

Die Steinzeit

Was ist eigentlich Arbeit? Arbeit ist eine Art „energetischer" Aufwand, der betrieben wird, um einem Mangelzustand abzuhelfen. Es gab seit jeher Mangelzustände, die dem Menschen zum energetischen Aufwand zwangen: Hunger, Durst, Kälte, Hitze, fehlende Unterstände, fehlende Schlafplätze, fehlender Schutz gegen wilde Tiere und vieles mehr.

Drehen wir das Rad der Geschichte zurück. Zeugnisse der Steinzeit lassen auf eine „Arbeitszeit" von täglich zwei bis vier Stunden schließen.[1] Jagen und Sammeln von Nahrung im natürlichen, direkten Umfeld der Menschen zählten zu den hauptsächlichen „Arbeitsinhalten", aber auch von Tauschhandel und sogar von kulturellem Schaffen zeugen Funde.

Die Antike

Ziel allen Arbeitens im alten Griechenland war die Muße. Arbeit war vor diesem Hintergrund nicht nur bei den Griechen, sondern auch bei den Römern eher negativ belegt: Sie hieß *negotium* – Nicht-Muße – und hatte gegenüber dem Ideal der Muße einen geringeren Lebenswert. Um das Konzept der Muße zu verwirklichen, benötigten die Einflussreichen allerdings Sklaven und Sklavinnen, die die tägliche Arbeit erledigten. Arbeit außerhalb der Bedürfnisbefriedigung war kein erstrebenswertes Ziel. Zweck des wirtschaftlichen Denkens und Lebens war nicht der Gewinn, sondern die Qualität menschlicher Gemeinschaft – der Hausgemeinschaft, der Dorfgemeinschaft und der Staats- oder Polisgemeinschaft. Die Sicherstellung der Selbstversorgung war das Maß und das Ziel.

Im Dienste der Selbstversorgung stand auch der Handel. Aristoteles unterschied ihn scharf vom Tausch von Waren, der um des bloßen Gewinnes willen betrieben werde, einem „unnatürlichen Drang" zum Geldverdienen entstamme und folglich als unmoralisch anzusehen sei. Diese Einstellung bewahrte sich weitgehend bis zur Dynastie der Medici und bis ins 17. Jahrhundert hinein, als sich mit der Einführung der Zinsen die Bedeutung der Arbeit Schritt für Schritt allein auf den materiellen Aspekt hin veränderte.

Aristoteles unterschied schon damals zwei Lebensformen: Die Lebensform des *bios politikos* – des freien, um das gute Leben bemühten Menschen – und die des *bios chrematikos* – die menschliche Lebensform, der zielpervertierten, zweckentfremdeten Erweiterung des Reichtums um des Reichtums willen

---

1   Sahlin, Marshall: Stone Age, New York 1972

nachgiert.[2] Kein geringerer als Aristoteles wies also schon damals auf die moralische Gefahr für den Menschen hin, die mit dem Geldverdienen um des Geldverdienens willen verbunden ist: Dieses Denken zerstöre die Existenz einer harmonischen Gemeinschaft.

Biblisch-theologische Aussagen

Im Buch Genesis wird Arbeit einerseits als eine Folgeerscheinung des Sündenfalls und somit als Fluch beschrieben: „Im Schweiße deines Angesichts sollst Du dein Brot verzehren."[3] Andererseits bedeutet nach dieser Auffassung gerade dieser Fluch auch einen Segen: „Unser Leben währt 70 Jahre und wenn es kostbar war, war es Mühe und Arbeit."[4] Die Last, aber auch das Recht auf Arbeit, gehörte zu den Grundrechten des „gefallenen" Menschen. Nur in der Arbeit kann der Mensch zu sich selbst finden und sein Potential entfalten.

Die Grundsatzaussage im Schöpfungsbericht der Bibel, dass die Arbeit für den Menschen sowohl Fluch als auch Segen bedeute, zieht sich seither wie ein roter Faden durch alle Jahrhunderte, und es scheint, als ob jede Generation der Frage, auf welche der beiden Pole – Fluch oder Segen – sie zusteuert, auf ihre eigene Weise beantworten müsse. Es ist, als würde der Mensch zur Arbeit eine Art Hassliebe pflegen: Ohne Arbeit erlangt er sein Glück nicht und mit ihr oft genug auch nur höchst selten.

Arbeit kann nach biblischem Verständnis pervertiert werden, z.B. durch Habsucht oder Arbeitswut. Die Bibel warnt vor der Sorge, die zu rastloser Arbeit führt und genauso vor Müßiggang und Gleichgültigkeit, die ebenso im Widerspruch zum Auftrag des Menschen stehen.

Mit dem Verlust seiner Arbeit verliert der Mensch nach biblischer Theologie viel mehr als nur die materiellen Grundlagen. Ihm geht ein wesentlicher Baustein zur Gestaltung eines lebenswerten Lebens verloren.

Das Mittelalter

Die feudale Gesellschaft des Mittelalters organisierte sich durch dreierlei Tätigkeiten, durch beten, arbeiten und kämpfen (*orare, laborare, pugnare*). Die Last der produktiven Arbeit lag auf den Schultern der Bauern und Handwerker.

Die klösterlichen Ordensregeln im Mittelalter basierten auf dem biblischen Verständnis von Arbeit. Der Abt Benedikt von Nursia (geb. 480) wies der Arbeit

---

2   Aristoteles: Politik, München 1986

3   Genesis 3, 17

4   Psalm 90, 10

als Bestandteil unseres Daseins einen heiligen Platz zu. Sie wurde zu einer Art Sakrament aufgewertet. *„Ora et labora"* („bete und arbeite") – der Leitspruch der Ordensregel – prägte über manche Jahrhunderte hinweg das christliche Lebensbild.

Gerade weil der moralische Wert der Arbeit über ihren materiellen Früchten stand, wurden diese durch den steten Fleiß oft in überraschender Fülle erzielt. Wir haben viele Beispiele dafür in der Geschichte, dass gerade der Verzicht auf die Fokussierung „Was bringt es materiell?", das Materielle nicht gemindert, sondern sogar gemehrt hat.

Der Zugang zu solcher Lebenshaltung der Arbeit war immer freiwillig. Niemand sollte dazu gezwungen werden. Immer war im Zusammenhang mit der Arbeit das egoistische Prinzip des Raffens verpönt, vielmehr galt das Interesse dem Dienst an Gott und an den Armen. Dadurch, dass die Arbeit selbst als tiefstes Sinnerlebnis im Mittelpunkt stand – und nicht ihr Ergebnis – suchten vom „Burn-out" Geplagte die Gemeinschaft im Kloster und fanden dort unter dem *„ora et labora"* ihr seelisches Gleichgewicht wieder.

Einzelne Handwerke konnten sich in den mittelalterlichen Städten bis zur höchsten Blüte entfalten. Der Arbeiter konnte sich in den einzelnen Gewerken mit seinen besten Fähigkeiten soweit schöpferisch entwickeln, dass er sich zum Teil ganz mit seiner Arbeit identifizieren konnte (keine Entfremdung). Er verstand sich als Gehilfe eines metaphysischen Überbaues. So schuf die spätmittelalterliche Arbeitsstruktur Gipfelwerke abendländischer Kultur. Persönlichkeiten wie Albrecht Dürer zeigen, dass hier Arbeitsformen entstanden, in denen Begabungen voll ausreifen konnten.

Der Kapitalismus begann sich zu entfalten, als spätmittelalterliche Kaufleute viel Geld brauchten, um ihre Geschäfte weit über die Ländergrenzen hinaus auszudehnen. Aus Handelshäusern wurden allmählich Geldhäuser.

Mit der Medici-Dynastie im Mittelalter und deren Einführung der Zinspolitik (Anm.: Die Medici Bank wurde 1397 gegründet) wurden bereits Wurzeln für unsere heutige Wirtschaftsordnung gelegt, deren Philosophie wir so verinnerlicht haben wie die tägliche Essensaufnahme. Das Erheben von Zinsen auf ausgeliehene Beträge war bis dahin, bedingt auch durch die katholische Morallehre, streng untersagt. Wer damals von der Würde der Arbeit sprach, hatte noch keine Vorstellungen davon, wie stark die Eigendynamik durch Zinsen und Bankwesen die Welt später verändern würde.

Die Zeit der „Klassiker" und des Pietismus

Bei den „Klassikern" war die Arbeit als eigenständiger Wert unabhängig von ihrem materiellen Nutzen die Grundlage eines erfüllten Daseins des Menschen. Sie wurde als Segen für den Menschen und als eine Zierde angesehen.

„Arbeit ist des Bürgers Zierde, Segen ist der Mühe Preis; Ehrt den König seine Würde, Ehret uns der Hände Fleiß."[5] (Schiller)

Im Pietismus wurde die Arbeit vorrangig als Medium der schöpferischen Entfaltung betrachtet und diente zur Ausbreitung der Bildung. Freiwillige Beschränkung war auch jetzt noch eine der Leitideen der pietistischen Arbeitsphilosophie. Das pietistische Grundprinzip war die Liebe zu den Kindern, den Armen und den Entrechteten. Die von August Hermann Francke in Halle gegründeten Bildungsanstalten und Waisenhäuser waren neue Modelle im Umgang mit den sozialen Problemen der damaligen Zeit. Aus dem „Pädagogium Regium" ging ein Großteil der preußischen Beamten und Offiziere hervor. Der preußische Staat verdankt seine Blüte dem Pietismus, ohne dessen Kräfte er undenkbar gewesen wäre.

Der preußische Staat

Im preußischen Staat galt Arbeit in erster Linie als Pflicht gegenüber der Allgemeinheit. Es gab keine Hierarchie in der Wertigkeit der Arbeit, die Tätigkeit der Richter und Gelehrten wurde in der Allgemeinheit ebenso hoch geschätzt wie die der Soldaten, der Bergleute und der Arbeiter.[6] Arbeit hing eng mit den Werten Maßhalten, Disziplin und Chorgeist zusammen.[7] Der preußische Staat konzentrierte sich in seiner Arbeitsethik nicht auf den materiellen Gewinn der Arbeit, sondern auf ihre inneren Werte wie Treue, Pflichtbewusstsein, Ehre, Gehorsam und Wahrhaftigkeit.

Die Arbeit im 18. Jahrhundert

Ab dem 17. Jahrhundert verschwindet der metaphysische Aspekt der Arbeit (im Sinne des göttlichen Auftrages) mehr und mehr aus dem Bewusstsein. Ein neu aufbrechendes Selbstbewusstsein wertete die Arbeit als Mittel menschlicher Selbstverwirklichung und als Quelle von Selbstbewusstsein, Eigentum und Wohlstand auf. Blutige Revolutionen, das Entstehen von einander feindlich gegenüberstehenden, sich weltweit bekämpfenden materialistischen Machtblöcken, der Kampf der Menschen ohne Arbeit und der Besitzlosen gegen die, die Arbeit und Besitz haben, läßt uns in unterschiedlichsten Varianten seither nicht mehr zur Ruhe kommen.

5   von Schiller, Friedrich: Die Glocke, in: Die Gedichte, Frankfurt a.m. 1999

6   Burneleit, Heinz: Friedrich der Große, Besinnung auf den Staat, Düsseldorf 1981, S. 18

7   Greifenhagen, Martin: Die Aktualität Preußens, Frankfurt a.m. 1981

Das Jahr 1776 wurde mit der Aufstellung der ersten Dampfmaschine und der Einführung der industriellen Produktion in den überall in Europa neu gegründeten Fabriken zu einem Wendepunkt. Das Intermezzo der vierhundertjährigen handwerklichen und künstlerischen Blüte war beendet. In den Fabriken mit Hunderten von Arbeitern wurde die Arbeit auf Lohnarbeit reduziert. Die Maschine sollte rund um die Uhr laufen. Sie diktierte Zeit und Maß menschlicher Arbeit. Arbeit und Sinn(-erfüllung) waren kein Thema mehr. Unter dem Einfluss der Industrialisierung entstand die Marktwirtschaft.[8]

Das 19. und 20. Jahrhundert

Im 19. und 20. Jahrhundert verkürzte sich das Verständnis von Arbeit immer mehr auf den Aspekt der Erwerbsarbeit. Die Arbeit wurde zum Gegenstand marktwirtschaftlicher Tauschvorgänge. Der Kapitalismus entwickelte sich zum dominanten Prinzip des wirtschaftlichen Lebens. Immer mehr Menschen gerieten dabei auf die Verliererseite, weil sie entweder keine Arbeit mehr hatten, oder aber viel zu viel arbeiten mussten, und das Auskommen trotzdem nicht reichte. Die Arbeit im Spannungsfeld von Segen und Fluch, teilte die Menschheit in zwei Gruppen: in Sieger und Verlierer

Es entwickelte sich ein Bild vom Menschen als Objekt, als Produktionsfaktor. Sein Wert wurde nach seinem Gebrauchswert gemessen. Das Prinzip der Gewinnmaximierung wurde immer wichtiger. Mit diesen sozialen Problemen entwickelte sich der Sozialismus. In seinen späteren Schriften beschrieb Karl Marx die Arbeit als einen durch Geld messbaren Warenwert. Er sah den Wert des Menschen damit auf den Warenwert seiner Arbeit reduziert. Die Beziehungen der Menschen untereinander sind nach Marx ein Warenaustausch.[9]

Das kommunistische und das kapitalistische Verständnis nehmen sich in Bezug auf das Menschenbild nicht viel. Sie unterscheiden sich nur in der Art und Weise der Verteilung,

Wenn der moderne Mensch heute an Depressionen leidet, und die Psychiater Hochkonjunktur haben, so sind viele Depressionen als ein natürliches Aufbäumen des Menschen gegen die Reduzierung seiner urmenschlichen Grundbedürfnisse nach Anerkennung und Erfüllung zu sehen.

Nach dem zweiten Weltkrieg entwickelte sich eine weitere flutartige Zunahme der Automatisierung und später der Digitalisierung unserer Gesellschaft.

---

8   Adam Smith ist mit seinem Buch „Der Wohlstand der Nationen" ein Theoretiker der Marktwirtschaft. Er war ein schottischer Moralphilosoph und Angehöriger der Presbyterianer, also Protestant.

9   Marx, Karl: Die Frühschriften, Stuttgart 1971; ebd.: Das Kapital, Stuttgart 1969

Wir können heute, trotz vorübergehender Erholungen – klar den Trend erkennen, dass die Arbeitsplatzbilanz in allen hochentwickelten Gesellschaften eindeutig negativ ist. Wir müssen damit rechnen, dass der Abbau von Arbeitsplätzen trotz zeitweiliger Erholungsphasen in einer noch größeren Geschwindigkeit auf uns zukommt. Könnte der Aspekt der Nachhaltigkeit und der Würde der Arbeit wieder einen ganz neuen Stellenwert einnehmen, weil die Ressourcen plötzlich nicht mehr vermehrbar sind? Weil Arbeit unter dem Aspekt ihrer materiellen Ausbeute allein kein tragfähiges Fundament mehr darstellt? Heute sind wir Zeitzeugen geworden, die beobachten, wie ein dem Menschen auferlegtes Verständnis von Arbeit an seine Grenzen stößt.

III Arbeit heute
Wie ereignet sich gegenwärtig der Wandel?

Wir sind zum ersten Mal in der Geschichte der Menschheit an einem Punkt angelangt, an dem Menschen nicht mehr gebraucht werden, um die Wirtschaft zum Wachsen zu bringen. Die technologische Entwicklung vernichtet permanent weit mehr Arbeitsplätze als neue geschaffen werden.

Für die Verantwortlichen wird die Kernfrage lauten: Auf welche veränderte Arbeitsmarktsituation müssen die Menschen vorbereitet werden? Wie kann das sich möglicherweise abzeichnende Ende der „bezahlten" Arbeitsgesellschaft an den Mann bzw. an die Frau gebracht werden? Wie verkraften die Menschen diese Veränderungsprozesse seelisch.

Der Markt sucht nach Menschen, die Dinge bewältigen können, die eigentlich nur ein Roboter bewerkstelligen kann, der ohne Pause arbeitet, der keine Streicheleinheiten und Anerkennung braucht, der keine familiären Bindungen besitzt, der niemals traurig ist, der keine Sehnsucht nach Liebe hat, der sich niemals auf etwas zu freuen braucht. Man muss unsensibel robust und belastungsfähig sein. Welcher Mensch kann da mithalten?

Die sich schnell verändernde Industrie- und Konsumgesellschaft verstand es perfekt, oberflächliche Bedürfnisse zu befriedigen. Aber ein tieferes Bedürfnis, das zukunftsweisend für eine neue Kultur der Arbeit ist, wurde nicht gestillt: das Streben nach einem Sinn und die Suche nach der Erfüllung in der Arbeit. Wir haben die Mittel zum Leben, aber wie steht es der persönlichen Erfüllung durch die Arbeit?

Der Markt sollte der Diener des Menschen, der Mensch sollte nicht zum Sklaven des Marktes werden. Es geht nicht darum, den Markt frei zu machen, sondern die Menschen für die wesentlichen Dinge des Lebens zu befreien. Entscheidend bleiben die Dinge jenseits von Angebot und Nachfrage, von denen Sinn, Würde und innere Freiheit abhängen.[10]

Der erste Schritt in Richtung eines „anderen" Wohlstandes könnte in einem Überdenken der Ideologie des exponentiellen Wachstums liegen und auch immer wieder in der Frage: „Soll die Wirtschaft dem Menschen dienen oder der Mensch der Wirtschaft."[11]

IV Eine Zukunftsreise

Das erste Szenario geht von einer Spaltung der Gesellschaft infolge eines „Versiegens der Arbeit in der Arbeitsgesellschaft" aus. So wird ein Ende der Erwerbsarbeit prognostiziert – mit hohem sozialen Sprengstoff. Eine Minderheit von hochqualifizierten „Arbeitsnomaden" beziehe hohe Einkommen, die Masse der Menschen jedoch arbeite, wenn überhaupt, für einen Billiglohn.[12]

Die Verfechter des zweiten Szenarios entwickeln hingegen eine positive Perspektive der Arbeitsgesellschaft, quasi als Ausweg aus der Spaltungsprognose. Sie sprechen von einer „Erlösung von der Arbeit".

Neue, nicht-materialistische Gemeinschaften entstünden und es erfolge eine Hinwendung zum sozialen Bereich (zurück zum klassisch griechischen Verständnis der Marktwirtschaft?).

Der Wert des Menschen ist höher als der Wert seines Nutzens.

Die Lebensqualität derjenigen, die arbeiten, muss höhere Priorität haben als der materielle Nutzen ihrer Arbeit. Nach christlich abendländischer Tradition gilt, dass der Mensch von seiner personalen Würde her Krönung der Schöpfung ist und dass er für den wirtschaftlichen und gesellschaftlichen Bereich das Maß der Dinge darstellt. Wo dies nicht mehr gilt, findet eine Entpersonalisierung statt. Diese Entpersonalisierung hat sich im 19. und 20. Jahrhundert in zunehmendem Maße vollzogen.

---

10   Röpke, Wilhelm: Jenseits von Angebot und Nachfrage, Erlenbach/Zürich/Stuttgart 1966.

11   Portmann, Adolf: An den Grenzen des Wissens, Wien 1974.

12   Rifkin, Jeremy: Das Ende der Arbeit und ihre Zukunft – Neue Konzepte für das 21. Jahrhundert, Frankfurt/a. M. 2005, S. 107ff.

Die Bedeutung der „Arbeit an sich" ist höher als die Bedeutung ihrer materiellen Ausbeute.

Wir brauchen heute für Europa und für die ganze Welt eine Vision, die von einem Menschenbild geprägt ist, mit dem wir alle leben können. Wir müssen Arbeitsinhalte wie die Erziehung der Kinder, Tätigkeiten im Gesundheitswesen, Beschäftigung mit Bildungselementen als ein Reservoir sinnbildender Tätigkeiten neu entdecken. Lösungen dieser Art können nicht verordnet werden, sondern müssen aus dem Wunsch der Einzelnen heraus entstehen. Dass dieser Prozess mit Mühen verbunden ist, ist nicht zu vermeiden.

Als Wert an sich hat Arbeit eine eigenständige, zentrale Bedeutung in unserem Leben zu spielen, unabhängig davon, wie viel Geld dabei erwirtschaftet wird. Warum assoziieren viele Menschen eine beschränkte Erwerbsarbeit mit einem minderwertigen, weniger sinnvollen Leben? Weil sie die Arbeit nur von der Bezahlung her definieren.

Der Auftrag an die Menschheit zu arbeiten bleibt ein feststehender Wert. Dieser Auftrag besteht unabhängig davon, ob diese Arbeit eine bezahlte oder unbezahlte, eine hoch oder niedrig bezahlte Tätigkeit darstellt, ob sie ehrenamtlich oder gegen Bezahlung ausgeführt wird. Wenn man zu einer ausgewogenen Betrachtung der Arbeit finden will, muss man an diesem Punkt beginnen. Arbeit ist in ihrer Grundbedeutung nicht nur Mittel zum Zweck, sondern auch Zweck an sich, nicht nur Weg zum Ziel, sondern Ziel an sich. Die Würde der Arbeit wurzelt nicht ausschließlich in ihren objektiven, sondern vor allem auch in ihren subjektiven Dimensionen.

Die Voraussetzungen für eine lebensdienliche, langfristig ausgelegte Arbeitswelt liegen nicht primär in der ökonomischen Fragestellung, sondern in der Beantwortung der Grundsatzfrage: Wie wollen wir leben? Eingeschlossen in diese Frage ist die Frage nach dem Sinn des Arbeitens, die Frage nach Recht und Gerechtigkeit.

Ein Kapitalismus, der auf die triebhaften Seiten der menschlichen Natur setzt, wird immer anfällig sein. In der Menschheitsgeschichte war Egoismus immer ein negativ besetzter Begriff. Was moralisch falsch ist, kann langfristig wirtschaftlich nicht gut sein.

Die Finanzmärkte und die Realwirtschaft müssen übereinstimmen. Der Eindruck, auf die Dauer lasse sich mehr Geld verdienen mit Geld als mit Arbeit, ist eine Täuschung. Spekulationen schaffen keinen Mehrwert und stiften langfristig keinen volkswirtschaftlichen Nutzen.

Die nachfolgenden Generationen haben Missverhältnisse zu tragen. Viele, die ihr bestes geben werden, vermögen dann doch nichts zu bewegen.

Arbeit zu finanzieren ist billiger als Arbeitslosigkeit zu finanzieren.

In einer zukunftsausgerichteten Arbeitsgesellschaft sollten wir in erster Linie dem Bedürfnis nach Arbeit, nicht nur dem Bedürfnis nach Arbeitslosenentschädigung Rechnung tragen. Kann es volkswirtschaftlich etwas Teureres geben, als wenn ein großer Teil von arbeitsfähigen und arbeitswilligen Menschen arbeitslos ist? Der Lebensunterhalt von arbeitsfähigen und arbeitswilligen aber arbeitslosen Menschen muss ja sowieso von den Erwerbstätigen bezahlt werden. Arbeit ist langfristig nur dann finanzierbar, wenn Arbeitspolitik nicht bei den Symptomen, sondern bei den Ursachen kostendämpfend einsetzt.

Das Persönlichkeitsprofil der Zukunft

Wir brauchen eine neue Generation von Unternehmertypen. Die Menschen warten darauf, dass die großen Unternehmer dieser Welt auch über die eigene Bilanz hinausreichende Visionen haben und diese gemeinsam mit ihnen entwickeln. Sie warten darauf, dass sich die Führungskräfte nicht nur dann zusammenfinden, wenn es gilt, Fusionen oder Kartelle zu schmieden, sondern dass sie sich auch dann als Vorreiter erweisen, wenn es darum geht, die soziale Komponente der Marktwirtschaft mit Inhalt zu füllen.

Wir brauchen neue Unternehmer, die Menschen darin unterstützen, sich als innovative, spontane, kreative handlungssouveräne Partner zu entdecken.

Wenn man die Zeit 100 Jahre zurückdreht und die Biographien einzelner Unternehmer reflektiert, die nachhaltige Spuren hinterließen, dann zeigt sich häufig, dass die herausstechenden und sehr erfolgreichen Persönlichkeiten unter ihnen eben gerade die Visionäre waren, die sich ihrer sozialen Verpflichtung stellten.

Durch die Raster aller Geschäftszahlen hindurch sahen viele Unternehmer des frühen Kapitalismus die Probleme ihrer Umwelt und handelten im Namen von Werten und Visionen. Krankenhäuser, Arbeiterwohnheime, Krankenversicherungen, Fürsorgeeinrichtungen und Pensionskassen entstanden, weil diese Unternehmer die sozialen Probleme als eigene Unternehmensangelegenheiten ansahen. Durch den Bau von Arbeitersiedlungen, dem Bau von Kindergärten, Krankenhäusern, Altensiedlungen für ehemalige Mitarbeiter und Kantinen haben einige Unternehmer Zeichen gesetzt, die eine deutliches Zeugnis dafür ausstellten, dass sie die Stimme ihres persönlichen Gewissens ernster nahmen als den Drang, reich zu werden.

Hätte es mehr Menschen wie Stossberg, Maggie oder Schindler gegeben, dann wären Europa sehr große politische Spannungen erspart geblieben. Diese entstanden, weil Menschen sich verbittert auf der Verliererseite sahen. Diese Verbitterung über den erlebten Mangel bewirkten Ereignisse, die das 20. Jahrhundert erschütterten. Wie entstehen solche Menschen, die wir für morgen brauchen? Wer oder was gibt uns die Kraft und die Motivation, uns ggf. radikal zu ändern? Woher leiten wir die Änderungsbereitschaft in unserem Denken und in unserer Persönlichkeit ab? Welchem Geist also erlauben wir, in unseren Gehirnen das Sagen zu haben? Wie können wir heute und in der künftigen, sich permanent verändernden Arbeitswelt ein Leben führen, bei dem sich Sinnerfüllung, Lebensqualität und Erfolg, nicht gegenseitig ausschließen müssen?

Die Zukunft unserer Kinder im Auge haben

Wichtig ist, dass die erfolgreichen Unternehmer ihren kritischen Kindern wieder in die Augen schauen können, dass sie das, was sie im Geschäft tun, mit gutem Gewissen vor ihrer Familie, vor ihren Kindern präsentieren (weil verantworten) können.

Die Schlüsselworte, mit denen wir einen neuen Weg finden, lauten: Sinn, Integrität, Lauterkeit – nicht als Anhängsel oder als Mittel zum Zweck, sondern als selbststeuerndes Prinzip, unabhängig von jeder Kosten-Nutzen-Rechnung.

Wir sind aufgefordert, den kommenden Generationen eine Gesellschaft zu hinterlassen, die es ihnen erlaubt, in Würde zu leben. Wir machen uns wenig Gedanken darüber, dass wir gerade dabei sind, eine Welt zu schaffen ohne geborgene Plätze, ohne Ruheorte, ohne Inseln der Rekonvaleszenz. Die nächste Generation wird nicht in Würde leben können, wenn sie ständig rennen muss. Sie könnte eines Tages ohne Achtung auf ihre Eltern blicken, die ihr eine Welt hinterlassen haben, in der sie nicht mehr die Glücksquellen der Geborgenheit finden kann, wie es einige ihrer Eltern noch vermochten.

Die Lebensauffassung, die Hoffnung und der Glaube vieler junger Menschen sind oft beeindruckend. Sie haben keine Lust mehr, sich nach dem Muster ihrer Eltern durch Arbeit allein Anerkennung zu schaffen und setzen ganz bewusst das Thema Lebensqualität auf ihre Prioritätenliste. Sie wollen, dass ihre eigenen Kinder sie nicht genauso vermissen werden, wie sie selbst ihre Eltern vermisst haben. Eine junge Frau sagte: „Arbeit ist mir wichtig, und ich möchte wirklich mein Bestes geben. Aber Arbeit ist nicht das, wofür ich arbeite. Ich arbeite, um mir die anderen Werte im Leben leisten zu können." Wer immer diese junge Frau einstellt, wird ihre Werte mit einstellen. Sie muss so denken, denn sie kann nicht mehr davon ausgehen, dass Fleiss automatisch eine sichere Lebensstellung nach sich zieht.

Während in der Vergangenheit Fragen der Wirtschaft das gesellschaftliche Klima bestimmten, wird künftig durch die nachfolgende Generation eine Phase eingeleitet, die mehr von der Sinnfrage beherrscht und von der Faszination bestimmt sein wird, die aus diesem Fragekomplex entsteht. Jene Menschen und jene Eltern, die hierauf glaubwürdige, zukunftsweisende Antworten zu geben vermögen, werden davon profitieren. Am Anfang haben wir von den Höhlenbewohnern gesprochen. Sie haben ihre Werkzeuge permanent verfeinert, damit sie durch optimiertes Arbeiten mehr Zeit für Lebensgenuss und Muße herausholen konnten. Der Verbesserungsprozess der Werkzeuge wurde bis zum heutigen Tag fortgesetzt. Zu keiner Zeit bewirkten die verfeinerten Werkzeuge soviel Zeitgewinn wie heute. Was machen wir aber mit diesem Gewinn?

Wir müssten doch in Ozeanen von freier Zeit schwimmen. Tun wir auch. Wir müssten das doch genießen. Tun wir nicht! Der Zeitgewinn wird in den Bundesanstalten für Arbeit gestapelt. Diese Menschen können Ihren Zeitgewinn nicht genießen, weil man Muße nur genießen kann, wenn man auch Arbeit hat. Die Nichtarbeitslosen müssen zwischenzeitlich immer mehr arbeiten. Die können auch die Muße nicht genießen, weil sie keine Zeit dafür haben.

Die Chancen der künftigen Arbeitswelt

Was würden uns unsere Urvorfahren raten, wenn wir ihnen von unserem Dilemma erzählen würden? Sie würden Chancen erkennen:

- in der erhöhten Selbstbestimmung im Arbeitsalltag,
- in der verstärkten Flexibilisierung von Lebens- und Zeitplanung,
- in der Verknüpfung von Erwerbsarbeit mit anderen Tätigkeiten,
- in der Option eines besseren Ausbalancieren können von Privat- und Berufsleben,
- in der Option einer zunehmenden Privatisierung der Arbeit,
- in der Entkoppelung von Arbeit und Verdienst.

Clara Schlichtenberger

Zusammenfassende Gedanken

Das Privileg der Unerreichbarkeit und das „Anrecht" auf ein Büro mit Zimmerpflanze

Talkrunde 5, moderiert von Ursula Weidenfeld,
mit Markus Albers, Johannes Czwalina und Katja
Kullmann

Im Anschluss an die Workshops von Markus Albers und Johannes Czwalina fragte Ursula Weidenfeld, was eine Gesellschaft tauge, in der es „Gewinner-strategien" gebe, die aber mit den Strategien für „Verlierer" nicht hinterher komme und was Kinder heutzutage mitbringen müssten, um reüssieren zu können?

Von Katja Kullmann, die im Rahmen des Czwalina-Workshops formuliert habe, dass sie es gut fände, einen definierten Arbeitstag zu haben, wollte sie wissen, was dabei für junge Leute so attraktiv sei?

Kullmann antwortete, dass von dem „Wandel" in der Arbeitswelt immer wie von einem Naturereignis gesprochen werde. Es gebe Soziologen, die das, was heutzutage stattfände, als „Postfordismus" beschrieben. Der neue Status-gewinn läge darin, auch mal „offline" zu sein und wirklich Freizeit zu haben.

Albers ergänzte, dass man als Selbstunternehmer den öffentlichen Raum wieder brauche, z.b. über Soziale Netzwerke, aber dass gelegentliche Un-erreichbarkeit ein Privileg sei, dass es zu verteidigen gälte. Er glaube aber nicht, dass man in der Entwicklung zurück gehe könne und dass – wie für seine El-terngeneration – ein „9 to 5"-Job möglich wäre. Wir seien an dem Punkt, an dem wir merken würden, dass Arbeit zunehmend in unser Privatleben eindringe und dass man Strategien erarbeiten müsse, um damit umzugehen.

Weidenfeld wandte sich mit der Frage an Czwalina, ob es eine individuelle Angelegenheit sei, sich auffressen zu lassen von der ewigen Erreichbarkeit, ob man mehr Konventionen brauche oder eher individuelle Vernunft. Czwalina führte aus, dass es der große Luxus der Zukunft sei, darüber nachdenken zu können, wie man sich Freiräume schaffe. Es fange immer beim Einzelnen an, aber das Bedürfnis nach Wertschätzung und Sicherheit werde immer erhalten bleiben.

Weidenfeld resümierte, dass das Anrecht auf das „Büro mit Zimmerpflanze" auf gewisse Weise eine Analogie zum klassischen Arbeitsschutz und deren Sicherungsmaßnahmen darstellen könnte.

Aus dem Publikum wurde angemerkt, dass die Freiheit in einer entstrukturierten Arbeitswelt eine virtuelle Freiheit sei, weil die Parameter nicht mitbestimmt werden könnten.

Weidenfeld fragte Albers, was denn mit den Verantwortlichkeiten und Errungenschaften würde wie der Fortbildung für Mitarbeiter, wie sich die Verantwortung da verschöbe? Sich selbst organisierende Prozesse – so Albers – könne man schwierig finden, aber in seinen Interviews mit Beschäftigten hätte er feststellen können, dass es nicht nur auf Ablehnung gestoßen sei, flexible Arbeitszeiten und größere Freiheitsgrade zu haben.

Kullmann fasste folgendes zusammen: Sie fühle sich in dem Moment als Unternehmerin ihrer selbst entmachtet, wenn sie vereinzelt und versprengt in volatilen Arbeitsverhältnissen mit einem evtl. entmachteten Betriebsrat und ohne feste Kollegen arbeiten müsse.

Clara Schlichtenberger

Das Symposium „Individuum und Gesellschaft in der sich wandelnden Arbeitswelt"

Eine Anmerkung

Bevor man in der DASA Arbeitsweltausstellung den Ausstellungsbereich „Im Takt der Maschine", einer szenografisch gestalteten Textilfabrik um 1900, betritt, steht man der so genannten „Kleiderfassade" gegenüber. Die vielen Kleider an dieser Fassade, wie abgegeben und aufgehängt, symbolisieren die Trennung zwischen Arbeits- und Lebenswelt, sie stehen aber auch dafür, dass man sein Privatleben, ja seine Individualität am Fabriktor „abgibt", um einer „entfremdeten", industrialisierten Arbeit nachzugehen. Die „Kleiderfassade" zeigt auch die innerliche wie äußerliche und räumliche Trennung zwischen Arbeits- und Lebenswelt – eine Trennung, die in der digitalisierten Welt jetzt wieder zu verschwinden scheint.

Die „Entgrenzung" zwischen Arbeit- und Nichtarbeit ist, laut Stressreport der BAuA 2012[1], den die Arbeitsministerin Ursula von der Leyen vor kurzem vorstellte, neben Termindruck, Überstunden, Multitasking einer der Faktoren, die uns überfordern können. Dass diese neuen Arbeitsformen aber auch Chancen bieten, z.b. die der Vereinbarkeit von Familie und Beruf, führt der Journalist und Autor Markus Albers aus.[2]

Die rasant ansteigende Zahl der Frühverrentungen und Krankheitstage[3] durch psychische Krankheiten, lässt vermuten, dass die Effekte der volatilen Arbeitswelt gesundheitlich eher negativ zu werten sind. Statt „entfremdet" zu

---

1   A. Lohmann-Haislah (Hg. Bundesanstalt für Arbeitsschutz und Arbeitsmedizin) „Stressreport Deutschland 2012. Psychische Anforderungen, Ressourcen, Befinden", Dortmund/Berlin/Dresden 2012.

2   z.B. in: Markus Albers „Morgen komm' ich später rein", Frankfurt a.M., 2008. s. auch seinen Beitrag in diesem Band.

3   Derzeit 53 Millionen Krankheitstage pro Jahr. Durchschnittliches Alter bei Frühverrentungen aufgrund psychischer Erkrankungen 48 Jahre. Quelle s. Fußnote 1.

sein, herrscht Distanzlosigkeit zu den ausufernden Ansprüchen nicht regulier-
ter Arbeitsverhältnisse und der weitreichenden Vereinnahmung der Motivation
und der Kreativität der Individuen durch die arbeitgebenden Strukturen.
Dieser Aspekt wurde im Rahmenprogramm des DASA-Symposiums besonders durch den Dokumentarfilm „Work hard – play hard" von Carmen Losmann demonstriert.

Selbst die moderne Büroarchitektur dient dem Anspruch,
nicht merken zu lassen, dass man sich in einer Arbeitsumgebung befindet – es
gibt Lounges und Kommunikationszonen, Billiardtische und Basketball-Körbe.
Andererseits verschwinden die „privaten" Büros mit der anheimelnden Büro-
pflanze zugunsten voll vernetzter, mobiler Schreibtischcontainer.

Wo kann man sich mit seinen Schwächen und Stärken in einer so stark frag-
mentierten Arbeitswelt verorten? Ist die „Entfremdung" im 19. und einem großen Teil der 20. Jahrhunderts, die mit einem großen Verlust an Freiheit gleich-
gesetzt wurde, nicht einem noch viel größeren Verlust gewichen? Der Journalist
Tobias Becker konstatiert im „Kultur Spiegel" (März 2013)[4] in seinem Artikel
„Schluss. Aus. Feierabend. Ein Plädoyer gegen die Diktatur der Lohnarbeit",
dass der „Schweinehund" wie immer in einem selbst begraben liege: Warum
leisteten 2011 rund 40 Millionen Erwerbstätige mehr als eine Milliarde unbezahlte Überstunden?

Ein Erklärungsmodell lieferte beim Symposium Klaus Peters[5], der die „indirekten" Führungsmodelle skizzierte: Früher forderte der Vorgesetzte sozusagen mit gezückter Pistole – natürlich im übertragenen Sinne – Leistung ein.
Im neuen System der indirekten Steuerung, wird die Leistung der zum unternehmerischen Handeln angehaltenen Beschäftigten durch einen ständig dro-
henden Misserfolg angetrieben – so als lauere ein hungriges Krokodil auf eine
erlahmte leichte Beute. Das führe zu dem, was Peters die „interessierte Selbstgefährdung" nennt: jenes selbstgefährdende Verhalten (z.b. durch „Krankheitsverleugnung" am Arbeitsplatz), das verursacht wird von einem Zwang zur
Vermeidung von Misserfolg und der Realisierung von Erfolg.

Der Teufelskreis des „Lebens für die Arbeit" statt des „Arbeitens für den
Lebensunterhalt" lässt uns zum Ausgangspunkt dieser Anmerkung kommen:
In der Kleiderfassade, die die „Entfremdung" der Arbeiter und Arbeiterinnen
im 19. Jahrhundert symbolisiert, sind die Burn-Out-Opfer von heute, ihre vollständige „Entkleidung" durch Arbeitsunfähigkeit und ihr Ausschluss aus der
Arbeitswelt schon vorweg genommen. „Entfremdung" wurde durch „Entgrenzung" ersetzt, die äußere Unfreiheit durch Stechuhr und Hierarchien wurde
durch die innere des „unternehmerischen" abhängig Beschäftigten ersetzt.

4   Heft 3/2013
5   S. auch Beitrag in diesem Band.

Die Autorinnen und Autoren und die Diskutierenden

Markus Albers, Journalist und Sachbuchautor und Geschäftsführender Gesellschafter Rethink GmbH, Berlin

Norbert Breutmann, Leiter der Stabsstelle Arbeitswissenschaft in der Bundesvereinigung der Deutschen Arbeitgeberverbände (BDA), Berlin

Johannes Czwalina, CC Czwalina Consulting AG und Gesellschaft zur Beratung von Führungskräften in schwierigen Phasen (GBF), Riehen, Schweiz

Dr. Karin Kaudelka, Strategische Kuratorin „Arbeit und Gesellschaft" in der DASA Arbeitswelt Ausstellung, Dortmund

Dr. Gerhard Kilger, Direktor und Professor, Gründungsdirektor der DASA Arbeitswelt Ausstellung, Dortmund

Dr. Cornelia Koppetsch, Professorin für Soziologie an der Technischen Universität Darmstadt

Katja Kullmann, Journalistin und Autorin, Hambug

Dr. Stephan Lessenich, Professor für Vergleichende Gesellschafts- und Kulturanalyse am Institut für Soziologie der Friedrich-Schiller-Universität Jena

Dr. Gisela Mohr, Professorin für Arbeits- und Organisationspsychologie an der Universität Leipzig

Dr. Horst W. Opaschowski, Professor für Erziehungswissenschaft an der Universität Hamburg, Zukunfswissenschaftler und Berater für Wirtschaft und Politik

Dr. Lutz Packebusch, Professor für Human Factors Engineering am Fachbereich Wirtschaftsingenieurwesen an der Hochschule Niederrhein in Krefeld, Leiter des dortigen Instituts für Arbeitssicherheit, Umweltschutz, Gesundheitsförderung und Effizienz (A.U.G.E.) und des An-Instituts für Arbeitssystemgestaltung und Personalmanagement der Hochschule (IAP) in Mönchengladbach

Dr. Klaus Peters, COGITO-Institut für Autonomieforschung, Berlin

Kathrin Röggla, Autorin und Dramaturgin, Berlin

Dr. Clara Schlichtenberger, Wissenschaftliche Publizistin, Fachberaterin der DASA Arbeitswelt Ausstellung

Dr. Franz Schultheis, Professor für Soziologie an der Universität St. Gallen, Schweiz

Sozialtheorie

Marc Amstutz,
Andreas Fischer-Lescano (Hg.)
Kritische Systemtheorie
Zur Evolution einer normativen Theorie

Juni 2013, 410 Seiten, kart., 29,80 €,
ISBN 978-3-8376-2412-0

Ullrich Bauer, Uwe H. Bittlingmayer,
Carsten Keller, Franz Schultheis (Hg.)
Bourdieu und die Frankfurter Schule
Kritische Gesellschaftstheorie im Zeitalter
des Neoliberalismus

Oktober 2013, 376 Seiten, kart., 19,99 €,
ISBN 978-3-8376-1717-7

Wolfgang Bonss, Oliver Dimbath,
Andrea Maurer, Ludwig Nieder,
Helga Pelizäus-Hoffmeister, Michael Schmid
Handlungstheorie
Eine Einführung

Oktober 2013, 280 Seiten, kart., 22,99 €,
ISBN 978-3-8376-1708-5

Leseproben, weitere Informationen und Bestellmöglichkeiten
finden Sie unter www.transcript-verlag.de

Sozialtheorie

Daniel Innerarity
Demokratie des Wissens
Plädoyer für eine lernfähige Gesellschaft

September 2013, 264 Seiten, kart., 28,80 €,
ISBN 978-3-8376-2291-1

Joachim Renn
Performative Kultur und
multiple Differenzierung
Soziologische Übersetzungen I

Februar 2014, ca. 270 Seiten, kart., ca. 27,80 €,
ISBN 978-3-8376-2469-4

Rudolf Stichweh
Inklusion und Exklusion
Studien zur Gesellschaftstheorie
(2., erweiterte Auflage)

Dezember 2013, ca. 250 Seiten, kart., ca. 25,80 €,
ISBN 978-3-8376-2294-2

Leseproben, weitere Informationen und Bestellmöglichkeiten
finden Sie unter www.transcript-verlag.de